흔들리지 않고
휘둘리지 않고
담담하게

HEIJOUSIN NO LESSON
By Ryunosuke Koike

Copyrights ⓒ 2011 Ryunosuke Koike.
All rights reserved.
Original Japanese edition published in Japan by Asahi Shimbun Publications Inc., Japan.
Korean translation rights arranged with Asahi Shimbun Publications Inc., Japan
through PLS Agency.
Korean Translation edition rights ⓒ 2013, Book21, Seoul.

이 책의 한국어판 저작권은 PLS를 통한 저작권자와의 독점 계약으로 21세기북스에 있습니다.
신저작권법에 의하여 한국어판의 저작권 보호를 받는 서적이므로 무단 전재와 복제를 금합니다.

흔들리지 않고
휘둘리지 않고
담담하게

류노스케 스님의 평상심 수업

코이케 류노스케 지음 | 유윤한 옮김

21세기북스

· 머리말 ·

불교란 무엇인가. 한마디로 말하면 고통을 없애기 위한 방법론이다. 석가는 인생이란 '생로병사(生老病死)의 네 가지 고통으로 가득 찬 일체개고(一切皆苦)의 길'이라 했다. 삶에서 영원한 것은 없고, 삶은 고통으로 가득하다는 말씀이다. 불교 수행의 목적은 이런 고통의 발생 구조를 꿰뚫어보고, 고통을 줄이는 데 있다.

지금 이 책을 펼쳐 든 독자 여러분은 얼마나 고통을 줄이며 살고 있는가? 가끔은 고통스럽기도 하지만 괴로운 만큼 즐겁기도 한 인생이기에 그런대로 살 만한가? 아니면 예전의 나처럼 사는 게 괴롭고 또 괴로워서 너무 힘들다고 생각하고 있지는 않은가?

어느 쪽이든 불교의 실천적 가르침 중 하나인 '명상'을 배우면 고통을 줄이는 방법을 얻을 수 있다.

우선 본문은 삶의 고통이 무엇인지부터 자세히 이야기하며 시작될 것이다. 그전에 한 가지 확실히 밝히고 싶은 게 있다. 고통을 줄이려면 평정, 다시 말해 '평상심'을 유지하는 일이 가장 중요하다는 사실이다.

평상심을 지키는 사람은 무슨 일을 하든 서둘지 않고 차분하게 한다. 실패나 성공에 일희일비하며 흔들리지 않는다. 평상심을 지키는 사람은 자신이 가고자 하는 인생 여정을 꿋꿋하게 걸어갈 수 있다. 힘든 일을 당해도 크게 불안해하거나 침울해지지 않으며, 엄청난 명예를 얻거나 벼락부자가 되어도 지나치게 기뻐하거나 흥분하지 않는다. 간혹 마음이 흔들려 기쁨이나 슬픔에 휩쓸릴 때도 있지만, 재빨리 평정을 되찾는다. 마음이 유연한 까닭이다. 이처럼 평상심이 커질수록 괴로움은 사라져간다. 자연스럽게 온화하고 담담한 상태가 되어 하루하루를 보다 즐겁게 살 수 있다.

자, 이제부터는 불교에서 말하는 고통의 의미를 깨닫고 평상심에 이르는 길에 대해 자세히 살펴보겠다.

마지막으로 이 책은 아사히 문화센터에서 다섯 번에 걸쳐 강의했던 '불교식 평상심 수업'을 정리한 것이다. 책의 출판에 도움을 준 아사히 문화센터와 아사히 출판국 여러분들께 진심으로 감사드린다.

2011년 10월
코이케 류노스케

• 차례 •

머리말 _4

: 제1장 :
왜 평상심을 유지하기 어려운가?
자존심과 사귀는 법

· '평상심' 하면 연상되는 말 _15
· '집착한다'는 것 _19
· 마음의 틀 _22
· 저마다 다른 '조건반사' 습관 _24
· 평가란 '있는 그대로'를 거부한다 _28
· 세상은 '상품가치'가 있는 사람을 원한다 _32
· 정체성과 무아 _37
· 평상심을 기르기 위한 기본 법칙 _40

: 제2장 :

왜 누군가를 싫어하게 되는가?
일, 친구, 가족과 잘 지내는 법

· 좋고 싫은 감정은 도대체 왜 생기는 것일까? _55
· '지배욕' 때문에 평상심을 유지할 수 없다 _59
· 회사는 '지배'와 '피지배'로 이루어지는 세계다 _63
· 상사인 당신은 왜 부하 직원이 늘 마음에 들지 않는가? _65
· 개입해도 변하지 않는 부하 직원 때문에 상처받는다 _68
· 부하인 당신은 상사의 지배에 어떻게 대응하는가? _72
· 나만 손해 보기 싫다는 생각도 '만(慢)'이다 _75
· 인간은 어느 정도 환경을 선택해야 한다 _79
· 괴물처럼 '만(慢)'이 강한 사람은 훨씬 더 괴롭다 _82
· 다른 사람의 '만(慢)'에 비위를 맞추면, 결국 대가를 치른다 _85
· 분수에 넘치는 성공을 원하기 때문에 지친다 _89

: 제3장 :

희로애락에 대해 석가는 어떻게 가르치는가?
불교식 감정 통제법

· 희로애락은 좋은 것일까, 나쁜 것일까 _95

· '유쾌 혹은 불쾌'를 느끼는 시스템만으로 잘 살아가기는 어렵다 _98

· '아무래도 못할 것 같아'라는 생각이 삶을 힘들게 한다 _101

· 화를 내며 업을 쌓으면 반드시 그 대가를 치른다 _104

· 자신의 신경 구조를 파악해야 한다 _106

· 도파민 시스템은 효과적인가? _111

· 현대인은 쾌락을 좇지만, 괴로움만 얻는다 _116

· '좋아한다'고 뇌는 착각하고 있다 _121

· 사람은 기억의 저주를 받는다 _125

· '락(樂)'은 마음이 편안한 것이다 _128

· '락(樂)'은 얽매이지 않는 것이다 _130

· 과정 즐기기가 해결책이다 _135

· 살뜰하게 챙겨주는 남성을 좋아하는 여성은 왜 불행해지는가? _138

· 놀라움은 마음에 독이다 _143

- 받아들이는 수준을 높인다 _145
- 걷기 명상에선 발의 감각에 의식을 집중한다 _147
- 좌선에서 '호흡'에 의식을 집중하는 이유 _150
- 마음을 단련해 '락(樂)'을 얻을 수 있다 _152
- 무언가를 추구하지 말고, 평정을 유지한다 _155
- '락(樂)'을 능숙하게 다루어 '희(喜)'와 '노(怒)'를 조절한다 _159
- '락(樂)'에도 함정은 있다 _162
- 명상 수행에도 함정이 있다 _164
- '희열감'으로 극약 처방을 할 수 있다 _166
- 희로애락에 대한 불교식의 결론 _168

: 제4장 :

생로병사를 평상심으로 대한다
죽음을 받아들이는 법

- 석가의 최초 설법 _173
- 원하지만 얻을 수 없는 고통, 구부득고(求不得苦) _176

· 망상에서 벗어나야 한다 _179

· 현실을 받아들이고, 평상심을 유지해야 한다 _181

· 자신의 약함도 받아들인다 _183

· 인생은 고통으로 가득 차 있다 _185

· 죽을 때 유일하게 가지고 가는 게 '업(業)'이다 _188

· '윤회전생=환생'도 고통이다 _190

· '입멸'은 윤회로부터의 해방이다 _192

· 모두 저마다의 업이 있다 _193

· 불교는 죽음에 대해 철저한 평정을 유지한다 _195

· 슬픔을 받아들이기 위한 세 가지 태도 _197

· 석가는 모든 일에 대해 감정적으로 느끼지 않았다 _201

· 과학적 인식은 세계를 있는 그대로 인식하는 것이다 _203

· 죽음에 대한 마음의 준비는 젊을 때부터 한다 _205

· 싫어할수록 더 빨리 늙는다 _209

· 병을 받아들이는 연습을 한다 _212

· 환자를 간호하며 인생을 배운다 _215

· '뭐, 이대로도 괜찮아'라고 생각해 본다 _218

: 제5장 :

날마다 평상심을 지키는 연습을 한다
서두르지 않고, 포기하지 않기

- '반드시 이렇게 해야만 한다'에서 해방된다 _225
- 명상하는 시간을 만든다 _228
- 명상할 때 마음의 쓰레기에 당황하지 않는다 _231
- 깨달음에 이르도록 도와주는 '칠각지' _234
- 식사를 통해 평상심 지키기 연습을 한다 _238
- 씹기를 통해 명상 효과를 거둔다 _241
- 스트레칭을 통해 신체의 고통을 발견한다 _245
- 나 자신의 모습을 객관적으로 '적어 본다' _247
- 완벽한 사진을 바라지 않는다 _250

: 제1장 :

왜 평상심을 유지하기 어려운가?

자존심과 사귀는 법

'평상심' 하면 연상되는 말

'평상심'이란 말을 들으면 어떤 말이 연상되는가? 평상심과 관련된 말을 살펴보는 것으로 이야기를 시작해 볼까 한다.

'반응하지 않는다'
'어떤 일에 과잉 반응하지 않는다'

이런 상태를 평상심이라고 생각할 수도 있다. 어떤 일이 일어났을 때 곧바로, 혹은 필요 이상으로 '반응'한 적이 있는가? 그렇다면 평상심을 유지하지 못한 것이다.

'내버려 둔다'
'버린다'

어떤 일이 발생했을 때, 그 일을 '수습'하는 쪽으로 나아가려는 마음을 멈추는 것도 평상심이라 할 수 있다. 마음에 들지 않는 상황을 곧바로 수습하지 않고, 잠시 내버려 두고 바라보는 것이다. 불교에서는 이를 기쁨이나 슬픔에 흔들리지 않는 담담한 마음, 즉 '사(捨)'라고 한다.

'평정'

평상심은 고요함을 연상케 한다. 몸과 마음 모두 고요하게 평정을 유지하는 상태를 떠올릴 수 있다. 주변이 시끄러워도 평온한 모습으로 평정을 유지하며 거니는 사람을 떠올릴 수 있다.

'수용'

평상심을 이야기할 때, 이 단어를 빼놓을 수는 없다. 평상심과 관련된 중요한 키워드 중의 하나다. '수용'이란 지금 눈앞에서 일어나고 있는 사건과 마음속에서 일어나는 생각을 있는 그대로 받아들이는 마음이다. 즉 싫어하는 상사가 눈앞에 앉아 있는 상황을 거부하지 않고, 부러워 질투하고, 상처받아 아프고, 초조해서 안달하고, 자만으로 흥분된 마음을 밀어내지 않는 것이다. 그런 상황이 싫다고 벗어나려 발버둥치지 않고 '아, 지금 내가 이런 상태로구나' 하고 인정하는 마음이다.

누구나 생각대로 되지 않는 상황이나 싫어하는 일과 마주치면 마음이 어지러워진다. 결국에는 빨리 벗어나려고 안간힘을 쓰기 쉽다. 하지만 일단 상황을 '수용'하겠다고 생각하면, 밀어내느라 애쓰지 않고 받아들일 수 있다.

'있는 그대로'

"지금 그대로의 당신이면 돼요"라는 말을 들으면 연인들 사이에 주고받는 낯간지러운 대화가 연상될지도 모르겠다. 하지만 어떤 상황을 '있는 그대로' 내버려 두는 것도, 평상심을 유지하는 데 아주 중요한 요소다. '있는 그대로' 받아들일 수 없다거나 받아들이기 싫다고 생각하게 되면, 머릿속에서 다른 상황을 원하고 실현하는 망상을 품게 된다. 그리고 망상처럼 되지 않는 현실 속의 자신이나 다른 사람에 대한 원망이 싹튼다. 심지어 현실을 인정하기 싫은 나머지 도망쳐 버리기도 한다. 그러는 사이에 마음은 어지럽게 흔들리며 갈피를 잡지 못하고 괴로워한다.

하지만 '이러이러해서 어쩔 수 없는 상황이구나' '사람의 성격이 하루아침에 바뀔 수 있나. 원래 이런 사람이니 그냥 받아들이자'라고 '있는 그대로' 받아들이면, 마음은 진정되기 시작한다.

'마음을 가라앉힌다'
'동요하지 않는다'
'흔들리지 않는다'

무언가 좋지 않은 일이 발생하거나 위기가 닥치면, 많은 사람들은 '평상심'이 필요하다고 생각한다. 이때 평상심을 유지한다는 것은 마음을 가라앉히고, 동요하지 않고, 흔들리지 않는 태도를 말한다. 어쩌면 독자들도 이런 평상심을 언제나 마음에 간직하고 싶어 이 책을 읽고 있는지도 모른다.

'집착한다'는 것

　'평상심' 하면 연상되는 말을 나열해 보니, 어렴풋이 평상심의 윤곽이 드러나는 것 같다. 그렇다면 이번에는 평상심을 유지하지 못하고 잃어버린다는 뜻은 무엇인지 한번 생각해 보자. 평상심과 정반대인 마음의 상태는 어떤 것이 있을까?

　앞에서 이야기했듯 평상심은 '내버려 두는' 상태를 말한다. 그렇다면 그 반대는 버리지 못하고 '집착하는' 상태일 것이다.

　보통 우리는 자신이 집착하고 있는 것에 대해 다른 사람의 칭찬이나 비난을 무시하지 못한다. '내버려 두는' 게 불가능하다. 거꾸로, 집착하지 않는 것에 대해서는 '다른 사람의 평가'도 그다지 신경 쓰지 않는다.

잠깐 내 경우를 예로 들어 보자. 내가 운영하는 웹사이트 '가출공간'에 네 컷짜리 일러스트가 가끔 업데이트되는데, 모두 내가 직접 그린 것들이다. 그런데 가끔 이 일러스트를 보고 "그다지 잘 그리지 못했네요" 하고 말하는 분들이 있다. 그러면 나는 "좀 유치하죠?"라고 대꾸하며 웃을 뿐이다. 별로 신경 쓰지 않는다. '집착'하지 않기 때문이다. 원래 나는 전문 화가도 아닐뿐더러 스스로도 그림을 잘 그린다고 생각하지 않는다. 그러니 가벼운 마음으로 편하게 일러스트를 그렸고, 그것에 대한 평가에도 별로 관심이 없다.

하지만 내가 미술대학을 나온 화가이거나 전문 일러스트레이터였다면, 작품에 대한 애착이 컸을 것이다. 그만큼 다른 사람들의 평가에도 민감하게 반응했을 테고, 못 그렸다는 말을 듣는 순간 평정은 깨지고 평상심은 어디론가 날아가 버렸을 게 틀림없다.

이렇듯 누구나 자신이 애착을 느끼는 것에 칭찬을 받으면 기분이 좋아진다. 그리고 그런 쾌감에 맛을 들이면 점점 더 큰 칭찬을 원하게 된다. 더 많은 사람들에게서 칭찬을 받고 싶어 한다. 왜냐하면 마음에도 '내성'이 생겨 처음과 같은 칭찬으로는 기쁨을 느낄 수 없게 되기 때문이다. 이런 마음에 생기는 내성은 뇌의 신경세포 수용체에서 비롯된 것이다.

쾌감을 느끼면 뇌에서는 도파민이라는 물질이 방출된다. 그런데 같은 칭찬이 반복되면 신경세포 수용체에서 도파민과 반응해

쾌감을 느끼는 데 내성이 생긴다. 따라서 더 많은 도파민을 분비하게 만드는 더욱더 큰 자극을 주지 않으면, 예전만큼 기분이 좋아지지 않는다. 오히려 도파민을 '좀 더' 원하며 안절부절못하게 된다. 잠이 오지 않는 사람이 수면제를 복용하는 경우도 마찬가지다. 수면제를 반복해서 복용하면, 수면을 유도하는 신경세포 수용체에 약에 대한 내성이 생긴다. 결국 같은 양을 먹어도 신경세포의 반응이 떨어지니 점점 더 많은 수면제를 먹을 수밖에 없다.

칭찬 받는 것에 익숙해지면, 내성이 생기는 것 외에 또 다른 심각한 문제도 발생한다. 칭찬과 반대 상태인 비판을 받을 때 점점 더 쉽게 상처를 받는다는 것이다. 예를 들어 "이 그림 어때?"라고 물었는데, 만일 "조금 부족한데"라는 말을 듣게 되면 금세 침울해지고 만다.

이런 '집착'이 계속되면 '그림'이라는 정보에 과민한 상태가 된다. 다른 사람들의 대화에 귀 기울이지 않다가도 '그림'이나 '회화' 같은 단어가 나오면 그 부분만 귀에 쏙 들어온다.

더 쉬운 예를 들자면 우리는 누구나 자신의 이름에 친숙하고 어느 정도의 '집착'을 가지고 있다. 카페에서 차를 마시다가도 옆 테이블에 앉은 전혀 모르는 사람들의 대화에 자신의 성이나 이름이 섞여 나오면 금방 알아차린다. 분명히 자신과는 관계없는 이야기인데도 '앗!' 하고 곧바로 그쪽을 의식하고 만다.

마음의 틀

•
•

집착은 이처럼 특정한 반응 양식이 '마음의 틀'로 자리를 잡는 것이다. 이 틀에 따라 우리의 마음은 집착하고 있는 것에 대해서 불안해하며, 조건반사적인 반응을 일으킨다. 결국에는 평상심을 잃고 만다.

'집착 = 마음의 틀'
'집착하고 있는 것에 대해 칭찬 받는다 ⇨ 쾌락 ⇨ 좀 더 칭찬받고 싶다'
'집착하고 있는 것에 대해 비방 받는다 ⇨ 고통 ⇨ 크게 상처 입고 침울해진다'

위에서와 같이 집착하는 것에 대해 느끼는 '쾌락'과 '고통'은 동전의 양면과 같다. 집착이 늘어 점점 더 큰 쾌락만 좇으면 그 뒷면에 자리한 고통도 따라서 늘어난다. 강한 쾌락에는 강한 고통이 수반되는 게 필연이다. '쾌락'이 마음에 새겨질 정도로 마음이 물러지면 약간의 '고통'에도 격한 불쾌감을 느끼기 쉽다. 쾌락에는 부작용으로 고통이 붙어 다닌다고도 할 수 있다.

쾌락과 고통이 반복되는 이런 상황은 평상심과는 거리가 멀다. 예를 들어 처음에는 그림을 그리는 게 순수하게 좋았던 사람이 집착을 키워나가게 되면, 그림을 다른 사람에게 보여주고 칭찬을 듣는 데서 쾌락을 느끼게 된다. 그리고 그 쾌락을 계속 맛보기 위해 점점 더 큰 칭찬을 원하게 된다. 결국에는 항상 무언가 부족하다고 느끼게 되는데, 부족한 부분을 채우기 위해 끊임없이 쾌락을 갈구하는 이런 상태는 평상심과는 완전히 반대되는 불안을 가져올 뿐이다.

저마다 다른 '조건반사' 습관

·
·

늘 칭찬을 갈구하는 사람은 조울증과 비슷한 상태를 겪는다. 칭찬 받으면 기분이 좋아져서 흥분하지만, 조금이라도 비판을 당하면 말할 수 없을 정도로 침울해진다. 이처럼 쾌락과 고통이 요동치는 롤러코스터에 올라타 있는 사람이 우리 주변에는 의외로 무척 많다. 다만 사람마다 집착하는 것이 다르고, 집착하는 방법도 다를 뿐이다.

예를 들어 휴일도 없이 열심히 일하는 사람들의 경우를 살펴보자. 온갖 시간과 노력을 바쳐 열심히 일할수록 그들은 주변으로부터 점점 더 많은 인정을 받게 된다. 그런데 이렇게 인정받는 기쁨에 맛을 들이다 보면 '일 잘하는 자신'에 대한 집착이 생기게 된다.

이런 집착을 가진 사람은 일이 잘 풀릴 때에는 매우 기뻐하며 심지어 거만해지기도 한다. 하지만 반대로 조금이라도 일이 잘 풀리지 않을 때에는 심각한 좌절에 빠지고 만다. 결국 성공에 집착한다는 것은 뒤따라올 수 있는 좌절까지 품어야 하는 일이다.

결국 집착하는 것에 대해 '성공'이나 '실패'를 매기게 되면, 하나의 패턴처럼 작용하는 '마음의 틀'을 통해 자동적으로 반응이 일어난다. 이런 반응은 평상심과는 정반대의 상태다. 앞서 밝혔듯 평상심은 '반응하지 않는다' 혹은 '세상일에 과민하게 처신하지 않는다'고 말할 수 있는 상태다. 하지만 집착으로 마음의 틀이 생기면, 저마다 다른 '조건반사' 과정을 거쳐 정해진 반응이 저절로 튀어나온다.

우리가 일상생활에서 보여주는 '조건반사'에는 두 가지 형태가 있다.

첫째, 자신의 외부에서 일어나는 것에 대한 반응이다. 보이는 것, 들리는 것, 향기나 악취, 맛, 더위나 추위와 같은 것들에 대해 기분이 좋다거나 나쁘다는 반응을 보이는 것이다. 이것은 오감(시각, 청각, 미각, 후각, 촉각)의 작용에 따라 기분이 좋아지기도 하고 불쾌해지기도 하는 조건반사 반응이다.

둘째, 자신의 생각이나 집착에 대한 내적인 조건반사다. 이것은 오감에 대한 조건반사보다 더욱 강력하다. 앞에서 예로 들었던 '일 잘하는 자신'에 집착하는 사람의 경우가 바로 그렇다. 일을 잘한다고 생각하는 사람은 언제나 120%의 업무를 처리하는 것에 집착한다. 그렇기 때문에 '오늘은 일을 세 건이나 처리했다'라는 사실을 인지하는 순간, '역시 나는 일을 잘해, 굉장해!'라고 자동적으로 생각하게 되는 조건반사를 보인다.

하지만 항상 120%의 업무를 달성하는 사람은 없다. 어느 날은 예상치의 80%에 머물 수도 있다. 이때 '일을 잘하는 자신'에 집착하지 않는 사람은 예상보다 20% 부족해도 그럭저럭 해냈다고 생각한다. 그러나 집착이 강한 사람은 '이렇게 해서는 안 된다, 이런 내 자신은 안 된다'고 조건반사를 하고 만다. 평소 그려온 자신의 이미지에서 벗어난 현실을 부정하는 것이다.

이런 '자기 부정'의 마음은 스스로를 닦달하며 의욕을 꺾게 된다. 의욕이 사라지면 능률은 70%, 60%로 점점 떨어지고 만다. 그 결과 마음이 회복되기는커녕 점점 자기 부정이 강해지는 악순환이 일어난다.

일 잘하는 자신에 대한 집착

⇨ **자신이 그려온 이미지 이하의 업무 달성**

⇨ **자기 부정**

⇨ **일의 능률 저하와 더욱 떨어지는 업무 능력**

⇨ **더더욱 심해지는 자기 부정**

집착이 심한 사람은 이런 악순환에 빠지기 쉽다. 그 결과 그토록 집착했던 '일 잘하는 자신'으로부터 점점 더 멀어지게 된다.

집착에서 시작된 악순환은 인생의 여러 상황에서 자주 일어난다. '날씬하고 아름다운 자신'에 집착하고 있는 여성이라면, 다음과 같은 악순환에 빠질 수 있다.

날씬한 자신에 대한 집착
⇨ 과도한 다이어트
⇨ 자신의 욕구대로 되지 않는 몸매
⇨ 자기 부정
⇨ 스트레스로 인한 폭식
⇨ 오히려 더 뚱뚱해진 자신
⇨ 더더욱 자기 부정
⇨ 더더욱 폭식

이런 악순환에 공감하는 독자들이 아마 많을 것이다.

평가란 '있는 그대로'를 거부한다

마음에 자리 잡은 생각의 틀을 통해 일어나는 조건반사에는 '있는 그대로'의 사실을 거부하고 '좋다'거나 '나쁘다'고 판단하는 경우도 있다. 이것은 세상일에 대해 좋고 나쁨을 마치 TV 해설가처럼 시시콜콜 판단하고 평가하는 과정이다.

사람은 누구나 어떤 정보를 접하면 눈 깜짝할 사이에 '좋다'거나 '나쁘다'고 판단하는 조건반사를 하기 쉬운데, 이처럼 무언가를 '평가'하는 마음의 움직임에서 벗어나기란 꽤 어려운 일이다.

어제 지하철 안에서 아주 아름다운(내 주관적인 기준으로 볼 때) 여성을 보았다. 그런데 그 여성이 입을 크게 벌려 빵을 한 입 베어 물고는 볼이 미어질 정도로 우물거리는 것이었다. 배가 고파서 그

랬겠지만 어느새 나는 '모처럼 보게 된 미인인데 품격 없는 행동을 하는군' 하고 여성을 평가하고 있었다. 혐오감을 느끼는 정도는 아니었지만 '품격 없다' '별 볼일 없다'라고 그 여성을 판단한 것이다. 이런 평가는 언뜻 보기에는 별로 해롭지 않은 것 같지만, 그녀보다는 내가 낫다는 생각을 은연중에 마음속에 심어주게 되고, 이런 생각은 오만함이나 우월감을 자극해 마음의 평정을 깨고 만다.

만일 '자신'이 이런 평가를 받게 되면, 평상심이 흔들리는 정도가 아니라 거의 파괴되고 말 것이다. 왜 그럴까? 자신과 가까운 일일수록 마음이 더 많이 흔들리기 때문이다. 친구가 자신을 괴롭히는 상사에 대해 욕을 하면, 결국 다른 사람의 일이기에 친구를 동정하는 정도에서 그친다. 하지만 애인이나 가족이 나쁜 상사에게 괴롭힘을 당하고 있다는 것을 알게 되면, 도저히 평정을 유지할 수 없게 된다. '이런 나쁜 사람이!' 하고 흥분하며 직접 행동을 취하게 될 수도 있다. '나의'라는 수식어가 붙자마자 평상심이 완전히 흔들리는 것이다.

이처럼 자신과 가까운 문제일수록 평상심을 유지하기가 더욱 어려워진다. 그런데 자신과 가장 가까운 존재는 '자기 자신=자아'이다. 따라서 자신에 대해 평가를 받거나, 스스로 자신을 판단할 때는 정말 많은 생각을 하게 된다. 특히 타인으로부터 평가를 받을 때에는 '있는 그대로'의 자아가 비판당하는 고통을 느끼는 경우가 대부분이다. 스스로 '자기 자신＝자아'를 평가할 때도 '있는 그대로'의 나 자신을 비판하는 판단을 내리기 때문에 평상심은 여지없이 깨지고 만다.

평상심의 정반대는 자아＝자존심

지금까지 살펴보았듯이 '자아'야말로 평상심의 정반대 쪽에 있다. 자아라는 것은 어딜 가든 '자신은' '자신이' '자신의'라는 수식어를 달고 다니는 스스로에 대한 이미지다. 또한 자신의 이미지는 스스로에 대한 평가와 밀접한 관련이 있기 때문에 '자존심'이라고 볼 수 있다. 이 자아에 관한 감정, 즉 자존심 때문에 마음은 가장 크게 흔들린다.

사실 자존심과 지금까지 다뤘던 집착은 거의 비슷한 것이다. 현대 사회에서 자존심은 좋은 것처럼 여겨지고, 집착은 나쁜 것으로 생각되고 있지만, 그 안을 들여다보면 별 차이가 없다.

현대의 경쟁 사회에서는 자존심을 기르도록 교육 받는다. '자존심이 세다' 혹은 '자존심이 너무 높다'라고 비판하는 말도 있긴 하지만, '자존심'은 경쟁 사회에서 살아남기 위해서는 꼭 필요한 것으로 여겨진다.

어릴 때부터 공부는 물론이고, 수영이나 피아노와 같은 특기를 배울 때에도 '다른 아이에게 지지 말고, 다른 아이보다도 우수한 아이가 돼야 한다'라는 유언무언의 메시지를 부모로부터 받으면서 자란다. '누구누구에게 지지 않게 힘내'라고 직접 요구하는 경우는 거의 없다 해도, 아이가 학급에서 다른 친구들을 이기고 일등을 하면 부모는 무엇보다 기뻐한다.

학교에서도 '자신만이 할 수 있는 것을 찾아 자아실현을 하는 게 정말 중요하다'고 가르치는데, 이런 교육은 아이에게 자신은 특별한 존재라는 생각을 심어준다.

하지만 현실의 우리들 대부분은 그다지 특별한 재능을 지니고 있지 않다. 그러니 교육 받은 대로 살려면, 무리를 해서라도 '타인과 다른 특별한 존재'가 되어야 하는 고통을 감당해야 한다.

현대인의 성장 과정은 '특별한 자신'을 의식하며, 마음속에 자존심의 거품을 부글부글 끓어오르게 만든다. 그래서 늘 다른 사람들에게 '타인과 다른 우수한 점을 지닌 자신'을 보여줌으로써 자신의 존재를 의식적으로 확인하려 든다.

자신을 타인과 차별화하는 방법에는 여러 가지가 있다. 공부로 일등을 하진 못해도 재밌는 성격으로 사람들을 웃기기도 하고, 옷을 잘 입기도 하고, 말을 잘하거나 잘 들어주기도 한다. 이런 사실들을 근거로 '나는 다른 사람보다 ~에서 뛰어나다'라고 주장하며 스스로의 존재감과 상품가치를 높이는 것이다.

세상은 '상품가치'가 있는 사람을 원한다

•
•

　사람을 두고 상품가치가 있느니 없느니 하는 것은 극단적인 표현이란 느낌이 들기도 한다. 하지만 노동시장에서 일자리를 구하는 노동자는 누구나 하나의 상품인 게 현실이다. 기업이 상품을 직접 평가해 구입하기로 결정하면, 취직이 되는 것이다.
　구직 활동이야말로 다른 사람과 차별화된 나만의 장점을 최대한 드러내야 살아남는 전쟁터라고 할 수 있다. 요즈음은 장기 불황 탓에 기업에 유리한 시장이 계속되고 있다. 그래서 기업의 선택을 받지 못한 많은 청년들이 상품가치가 없는 자신을 '부정'하며 괴로워하고 있다. 구직 활동 시기만큼 평상심을 유지하기 어려운 시기도 없기 때문이다.

하지만 취직에 성공해 사회인이 되었다고 '다른 사람과 나를 차별화하는 경쟁'이 끝나는 것은 아니다. 그 후에도 여러 이유로 자신과 타인의 차별화는 계속된다. '나는 유명기업에 다니고 있어' 혹은 '내 연봉이 대학 친구들 중에서 제일 높아' 같은 비교와 차별화는 계속된다. 최근에는 '나는 누구보다도 일을 즐기며 자아실현을 하고 있어'라며 정신적인 면에서도 자존심 경쟁을 벌이는 추세다.

이처럼 누구나 저마다의 기준으로 충족시켜야 할 자존심을 가지고 있다. 자신만의 기준에 집착하며 다른 사람과 자신을 비교한다. 그 결과 자신이 우위에 있으면 기뻐하고, 열등하게 느껴지면 좌절한다. 이런 심리는 '비교→승리→기쁨' 혹은 '비교→패배→좌절'이라는 기계적인 '조건반사' 과정이기도 하다.

현대인들은 자존심을 가지고 경쟁 사회에서 살아남으면 행복해진다고 배운다. 하지만 배운 대로 자존심을 키우며 열심히 살아도 그다지 행복해지지 않는 현실을 곧 깨닫게 된다. 현대인들이 추구하는 가치의 한계를 엿볼 수 있게 해 주는 부분이다.

경쟁 사회에서 살아남기 위해 키워온 자존심이 오히려 방해가 되는 경우도 있다. 자존심을 충족시키지 못하게 되면 일의 능률이 떨어지고, 그렇게 되면 자존심이 더 상해 능률이 더더욱 떨어지는 경우를 예로 들 수 있다. 이미 앞에서도 언급했던 자존심과 일의 악순환이 벌어지는 것이다.

일에 대한 집착 없이 평상심을 가지고 최선을 다한다면, 일이 다소 잘 안 풀려도 착실하게 끝까지 해낼 수 있다. 하지만 집착과 자존심으로 평상심이 흐트러지면, 일의 능률이 떨어지는 악순환에 빠져 결국 끝까지 해내지 못하는 경우도 생긴다.

현대 사회에선 많은 사람들이 심각한 정신질환에 고통 받고 있는데 그중에 하나가 '조울증'이다. 이 병은 근본적으로 자존심의 문제와 관련돼 있다. 물론 의학적으로 정확한 원인이 밝혀진 것은 아니지만, 자존심과 관련된 문제로 생각해 보면 쉽게 이해가 된다.

예를 들어, 책임감이 강한 사람일수록 우울증에 걸리기 쉽다고 한다. 책임감이 강한 사람일수록 '나는 여기까지 해낼 수 있어' 하고 과도한 자존심을 갖기가 쉽기 때문이다. 그런데 만약 일을 해내지 못하면 스스로를 용서하지 못하고 벌을 준다. 지나치게 부풀었던 자존심은 상처를 입고 형편없이 구겨지고 만다.

요즈음은 '주변 탓'을 하며 비난의 화살을 바깥으로 돌리는 사람들도 늘고 있다. 회사에서 자신이 생각한 대로 일이 풀리지 않으면, 주위에서 자신을 정당하게 평가해 주지 않았거나 제대로 도와주지 않아서 그렇다고 생각하는 것이다. 불만족의 원인이 자신이 아니라 다른 사람에게 있다고 생각하며, 자신을 탓하는 대신에 다른 사람을 탓한다.

어느 쪽이든 자존심이 만족스럽지 못한 것은 마찬가지다. '이상적으로 꿈꾸는 자신'과 '꿈꾼 대로 되지 않는 현실 속의 자신'을 비교하며 마음이 고통스러워지는 것이다.

'자존심＝만(慢)'의 근본에는 '비교'가 있다. 자존심을 세우려면 비교 기준이 될 대상이 필요하다. 그 대상은 다른 사람이 되기도 하고, 자기 자신이 만든 이미지가 되기도 한다. 이렇게 비교를 통해 세우는 자존심을 불교에서는 '만(慢)'이라고 한다. '자만'이나 '오만'이 모두 '만(慢)'에 속한다. 이들은 모두 '비교'라는 행위에서 비롯된 것이다.

자존심, 즉 '만(慢)'은 항상 자신을 다른 사람과 비교하게 만든다. 심지어는 스스로 품고 있는 자아의 이미지와도 비교하게 한다. 자아의 이미지에는 두 가지의 측면이 있다.

한 가지는 부모나 회사처럼 외부에서 강요하는 가치 기준이나 평가 기준을 받아들여 마음속에 내면화시킨 이미지다. 이제 갓 태어난 아이의 내면에는 이런 이미지가 없다. 하지만 아이는 자라면서 부모나 주변 사람들로부터 좋은 대학, 좋은 회사에 들어가는 게 행복이라는 가치 기준을 강요받는다. 시간이 흐르면서 그런 가치 기준이 아이의 마음에 새겨져 내면화된다.

다른 자아 이미지는 '과거의 기억이 모인 비대한 집합체'라고 할 수 있다. 사람은 자신을 '다른 사람'과 비교하기도 하지만, '과거의 자신이나 과거의 기억'과 비교하는 일이 더 많다. 예를 들어 최근에 오십견을 앓는 사람이 있다. 이 사람은 자신을 다른 사람과 비교하며 '저 친구는 아직 괜찮은데…'라고 생각하기도 하지만, 대부분은 '작년에는 어깨가 멀쩡했는데…'라고 과거의 자신과 비교를 한다. 이 과정에서 자신이 늙어간다거나 건강을 잃어간다는 사실을 깨닫고 큰 상처를 받는다.

어찌 보면 사람은 모든 상황에서 '과거'를 참조하며 살아가는 존재다. 예를 들어 '먹는다'는 행위만 해도 그렇다. 초밥을 좋아하는 사람이 맛있는 참치 초밥을 먹을 때, 순수하게 그 순간의 맛만을 즐기기는 어렵다. 왜냐하면 과거에 초밥을 먹었던 기억이 살아나기 때문이다. 그래서 대부분 맛을 표현할 때에도 '지금까지 먹어본 것 중에 가장 맛있다'라든가 '예전엔 좀 더 맛있었는데'라든가 '변함없는 이 맛이야말로 최고!'라며 과거와 비교를 한다. 현재 입속에 있는 참치를 맛보면서, 동시에 과거의 맛을 되살리는 중이라고 할 수 있다.

정체성과 무아

　과거의 자신에 대한 기억과 비교하거나, 다른 사람과 현재의 자신을 비교하는 마음의 움직임에는 다 그럴 만한 이유가 있다. '자존심=만(慢)' 때문에 다른 사람이나 과거의 나와 현재의 나를 비교하면, 그 결과에 따라 기분이 좋아지기도 하고 나빠지기도 하기 때문이다. 어쨌든 두 경우 모두 공통점은 '나는 이러이러한 사람이야'라는 이미지를 확실히 마음에 새기게 해준다는 것이다. '나는 뛰어나'라고 느끼든 '나는 뒤떨어졌어'라고 느끼든 '그렇게 느끼는 나 자신'이 확실히 있다는 존재감을 확인할 수 있다. 즉 자신의 '위치'나 '현재'를 확인하게 해 주기 때문에 끊임없이 비교하는 것이다.

　우리 마음의 근원에는 '나는 존재한다'는 사실과 나 자신의 위치를 확인하고 싶은 충동이 깊이 뿌리내리고 있다. 그래서 늘 다른 사람이나 과거의 자신과 비교하는 것이다. 이 과정에서 생겨나는 것이 서양적 사고 체계에서 말하는 '정체성-자기 동일성'이다. 이때의 정체성이란 과거로부터 현재까지 일관되게 존재하는 자아라고 할 수 있다.

하지만 불교에서는 과거는 이미 지나가 더 이상 존재하지 않는 것으로 본다. 지금 이 순간만이 실제로 느낄 수 있는 것이고, 과거는 단순히 머릿속에 새겨진 환상에 지나지 않는다는 것이다. 불교에서는 과거로부터 쌓여온 기억에 새겨진 여러 감정이 지닌 에너지를 '업(카르마)'이라고 부른다. 사람은 누구나 이 '업(카르마)'의 방해를 받기 때문에, 지금 이 순간만을 온전히 맛볼 수 없다. 그리고 업에 의해 왜곡된 시선으로 현실을 바라보고 판단하기 때문에 올바르게 살아가는 것도 어려워진다.

또한 불교에서는 '자아'를 끝까지 찾아가다 보면, 자아가 어디에도 없다는 것을 깨닫게 된다고 본다. 자아는 뇌에 있는 것인가, 마음에 있는 것인가, 도대체 어디에 있는 것인가? 이처럼 끈질기게 파고들면 결국 자아는 환상에 지나지 않는다는 깨달음을 얻게 된다. 이것은 확실하게 존재한다고 믿고, 이를 확인하려 했던 자아가 사실은 환상에 지나지 않는다는 인식이기도 하다. 이를 불교 용어로 '무아(無我)'라고 한다. 무아에 대해서는 나의 다른 책인

『불교 대인심리학』에서 좀 더 자세히 다루었으니 관심 있는 독자 분들은 그 책을 읽으시길 바란다.

 우리 마음은 '자신'이 어디에도 없다는 확실한 진리를 좀처럼 인정하려 들지 않는다. 그래서 마음에 여러 강한 자극을 주어 '확실히 나는 여기에 존재한다'는 착각을 계속 유지하려고 한다. 그런 착각이 유지되기 쉽도록 마음이 프로그램화되어 있다고도 볼 수 있다. 이 프로그램은 있지도 않은 '자아=만(慢)'라는 환상을 키워 존재를 확인하는 방향으로 굴러간다. 때문에 늘 강렬한 자극을 느끼면서 그것을 느끼는 자아를 확인하고 싶어 한다. 평상심을 유지하며 밋밋하게 사는 것은 어딘지 미덥지 않게 느껴진다. 자신이 만들어낸 환상에 사로잡혀서 기뻐하기도 하고, 괴로워하는 '만(慢)'의 상태로 사는 게 더 그럴듯해 보인다.

 '만(慢)'의 실체를 알고, 환상이 설치지 못하게 눌러주는 것만으로도(설령 무아의 경지에 이르지 못해도) 우리는 평상심에 더욱 가까워질 수 있다. 당연히 평상심에 가까워질수록 삶은 좀 더 평화롭고 만족스럽게 느껴질 것이다.

평상심을 기르기 위한 기본 법칙

•

이번 장의 마지막에서는 '만(慢)'을 누르고 평상심에 다가가기 위해 날마다 생활 속에서 실천할 수 있는 기본 법칙을 이야기해 볼까 한다. 매일매일 생활에 적용할 수 있을 정도로 간단한 것들이다.

01 마음의 에너지는 제멋대로 오르락내리락한다

불교에서는 마음도 제행무상(諸行無常, 만물은 늘 변하며 한곳에 머물지 아니함; 옮긴이)에 따르는 것으로 본다. 즉 마음은 늘 흔들리며 변화무쌍하다. 예를 들어 방금 전까지 120의 힘을 내며 일을 할 만큼 의욕적이었는데, 어느 순간 그로 인한 피로감이 엄습해 갑자기 80의 힘도 내기 어려울 만큼 우울해질 때가 있다. 누구나 한번

쯤은 경험한 일일 것이다.

우선, 마음이 원래부터 변덕스러운 것이라는 사실부터 인식하고 받아들이는 게 중요하다. 현재의 자기 자신을 받아들이는 것도 중요하다. 지금의 자신은 과거의 자신과 다르다. 120의 능률을 올리던 자신은 과거 한때의 자신일 뿐이다. 우리는 매순간 새로운 자신으로 다시 태어나고 있기 때문에 과거의 자신과 비교하는 것은 의미가 없다. 그런데도 과거의 자신과 비교하며 좌절하는 것은 과거에 휘둘리는 상태라 할 수 있다.

마음의 에너지가 오르락내리락하는 것은 마음에 쌓아두었던 '업(카르마)'과 관련이 있다. 나도 모르는 사이에 '업(카르마)'은 과거가 좋았든 나빴든 간에 과거의 감정을 무의식 수준에서 늘 재현하고 있다. 그래서 마음의 에너지가 제멋대로 오르락내리락하는 것이다.

불교의 수행은 이 '업(카르마)'에서 빠져나오는 것을 목표로 한다. 하지만 첫 단계에서는 우선 '마음은 업에 따라 제멋대로 흔들린다'는 사실을 받아들여야 한다. 그러고 나면 과거의 자신과 비교해 좌절하거나 지금의 자신이 굉장하다고 생각하며 들뜨는 것을 막을 수 있다.

이렇게 받아들이는 태도는 '자기 자신을 있는 그대로 사랑하세요'라고 하는 나르시시즘과는 다르다. 이른바 자기애가 아니라 좀 더 객관적으로 마음을 관찰하고 파악하는 태도라고 할 수 있다. 우선 마음이란 원래 들뜨기도 하고 가라앉기도 하는 것이라고 인식하자. 그러면 지나치게 의욕에 넘쳐 흥분할 일도, 반대로 무력감에 젖어 침울해질 일도 없다. 따라서 늘 마음을 담담하게 관찰하는 태도를 유지하도록 노력할 필요가 있다.

자신의 마음 상태를 받아들이는 게 불가능한 이유는 '마음 둘 곳'이 없기 때문이다. 마음 둘 곳이 없으면 어떻게 될까? 당연히 마음은 자신이 거할 곳을 찾아 이곳저곳을 헤매게 된다. 예를 들어 과거의 영광스러웠던 순간을 되새기며 흐뭇해하거나, 아니면 자신의 현재 상태를 받아들이기 싫어 아예 술을 마시거나 오락 프로나 영화를 보는 것과 같은 강렬한 자극에 마음을 쏟아 관심을 다른 곳으로 돌리게 한다.

'마음은 들뜨기도 하고 가라앉기도 한다'는 사실을 받아들이지 못하면, 늘 안정되지 못한 상태가 돼 마음은 지금 이곳이 아닌 어딘가로 도망치려고 한다. 이런 현상을 막고 안정된 마음 상태로 지내려면, 마음이 들뜨거나 가라앉을 때마다 '지금은 과거 때문에 이런 반응을 보이지만, 곧 다시 변할 거니까 신경 쓰지 않아도 돼'라고 냉정하게 받아들여야 한다.

나는 명상 지도를 할 때 학생들에게 다음과 같은 말을 자주 한다. "지금 명상이 잘된다고 해서 너무 기뻐하지 마세요. 어차피 오래 하다 보면 반드시 잘 안 될 때가 있습니다. 마찬가지로 지금 명상이 잘되지 않는 분들도 낙담하거나 좌절하지 마세요. 어차피 곧 상태가 좋아질 테니까요."

이 말에서 '명상'이라는 단어를 '일'이나 '인간관계'로 바꿔 생각해도 마찬가지다. 기뻐할 필요도 슬퍼할 필요도 없이 있는 그대로 받아들이는 것, 바로 그것에 평상심의 비결이 있다.

02 주변 상황을 좋다거나 나쁘다고 판단하지 않는다

내 마음의 들뜨고 가라앉음을 그대로 받아들이는 것만큼 중요한 게 주변의 상황을 일일이 판단하지 않는 것이다. 우리는 이야기를 나누고 있는 눈앞의 상대방뿐만 아니라, 눈이나 귀에 들어오는 여러 가지 일에 대해서 늘 판단을 한다.

예를 들어 지하철 안에서 화장을 하는 여성을 보면 공중 예절을 지키지 않는 사람이라고 판단하고 불쾌감을 느낀다. 또 옆자리에 앉은 아들이 엄마가 말을 하고 있는데 끼어드는 것을 보면 버릇이 없다고 판단하며 씁쓸해 한다. 만일 길을 걷다가 어깨를 부딪쳤는데 그냥 지나가는 사람이 있다면, 매너가 부족하다고 판단하고 화를 내기도 한다.

이렇게 하나하나의 상황마다 '좋다'거나 '나쁘다'고 판단하게 되면, 마음도 그에 따라 들뜨고 가라앉기를 반복한다. 평상심과는 아주 거리가 먼 상태가 된다. 이런 문제를 해결하는 가장 좋은 방법은 좋다거나 나쁘다고 판단하지 않는 것이다. 이때 무엇보다 중요한 것은 '그렇구나' 하고 상황을 있는 그대로 인식하고 받아들이는 태도다.

판단을 계속하는 것은 무척 피곤한 일이다. 판단하지 않고 상황을 있는 그대로 바라보는 것만으로도 마음은 안정을 찾을 수 있다. 무언가에 대해 순간적으로 판단하고 싶어지면, '좋다' 혹은 '나쁘다' 대신에 '그렇구나'라고 마음속으로 속삭이는 연습을 해보도록 하자.

03 마음을 아이와 같이 다룬다. 마음은 야단만 치면 망가지고 만다

마음을 자신의 아이라고 생각하고 다루면 마음이 점점 차분해지고 평상심에 가까워진다.

부모가 아이를 키울 때 가장 중요한 것은 '아이를 있는 그대로 받아들이는 태도'다. 우선 아이라는 존재 자체를 존중하고 있는 그대로 받아들여야 한다. 그러면 아이는 가정에서 '안식처'를 발견하고 안심할 수 있게 된다. 그렇게 얻은 자신감을 바탕으로 바깥 세계로 경험을 넓혀나갈 수 있게 된다.

아이를 키울 때는 '칭찬'이 중요하다고들 하는데, 내 생각은 좀 다르다. 칭찬 역시 하나의 가치 판단이다. 부모는 보통 더욱 강화시키고 싶은 아이의 행동에 칭찬을 하고, 아이는 그때마다 부모의 그런 가치관을 마음에 새기면서 자라게 된다. 다시 말해 부모의 '칭찬'에는 칭찬 받은 행동을 더욱 열심히 하라는 '명령'이 포함되어 있다. 이것은 그와 반대되는 행동을 했을 때 '꾸짖는' 행위와 비슷하다. '꾸짖음'에도 어떤 행동을 하지 말라는 명령이 포함되어 있기 때문이다.

결국 '칭찬'할 때 부모는 어떤 일에 대해 '좋다'거나 '나쁘다'고 판단을 하게 된다. 부모가 판단하기에 좋은 것은 하고, 나쁜 것은 하지 말라는 '명령'을 은연중에 내리고 있는 셈이다.

물론 아이를 키울 때 어느 정도의 가치 판단과 명령은 필요하다. 아무것도 모르는 아이가 사회의 구성원으로 제자리를 찾아가도록 교육할 필요도 있다. 아이에게 사회적 규범을 익히게 하려면, 분명히 최소한의 명령이 필요하다. 하지만 지나치게 칭찬하거나 지나치게 꾸짖게 되면 '아이를 있는 그대로 받아들이는' 일을 소홀히 하게 된다.

아이가 깨끗하게 방을 잘 정리하면 지나치게 칭찬을 하고, 조금이라도 방을 어지럽힌다고 야단을 치면 어떻게 될까? 만일 이런 일이 오랫동안 계속되면 아이는 방을 깨끗하게 치우지 못하는 자신은 부모에게 받아들여지지 않는다고 생각하게 된다. 더 나아가 그런 자신을 부모가 싫어한다고 믿게 된다. 부모와 함께 머무는 가정에서 '안식처'를 잃어버리고 마는 셈이다. 이때 아이는 더욱더 말을 안 들어 부모의 관심을 끌 것인가, 아니면 야단을 맞지 않기 위해 무리해서 말을 잘 듣는 아이가 될 것인가 하는 갈림길에 서게 된다. 어느 쪽이든 아이의 마음은 비뚤어지고 만다. 또한 있는 그대로의 자신은 받아들여지지 않는다는 생각으로 스스로를 괴롭히게 된다. 이런 상태가 오래 계속되면 아이는 인격적으로 큰 문제를 가지게 될 수 밖에 없다.

부모는 아이에게 절대적인 힘을 가지고 있다. 부모라면 누구나 아이를 잘 키우고 싶고, 아이의 미래에 희망을 품는다. 그리고 이런 희망에 아이를 끼워 맞추려고 한다. 그것이 아이를 행복으로 이끄는 올바른 길이라고 믿기 때문이다. 하지만 무조건 자신이 원하는 대로 아이를 끌고 가서는 안 된다. 우선은 있는 그대로 아이를 받아들이는 게 중요하다.

아이를 키우는 이야기가 조금 길어졌다. 그럼 이제부터는 지금까지 한 이야기에 '아이' 대신 '자신의 마음'을 넣어보자. 자신의 '자존심=만(慢)'을 만족시키는지 아닌지에 따라 마음의 태도를 '좋다' 혹은 '나쁘다'로 계속 판단하면 어떻게 될까? 있는 그대로의 마음은 툭하면 야단만 맞는 아이처럼 설 곳이 없어진다. 안식처를 잃어버린 마음은 답답하고 침울한 상태에 빠지고 만다.

부모가 아이에게 행사하는 영향력만큼이나 '자존심=만(慢)'의 영향력도 강력하다. 아주 오랜 시간을 통해 '과거', 즉 '업(카르마)'이 쌓이면서 만들어진 것이기 때문이다. 따라서 이 힘을 의식적으로 억제하지 않으면 '있는 그대로의 마음'을 받아들이지 못하고, 업에 따라 좋다거나 나쁘다고 판단을 하게 된다.

마음은 아이와 같다. 꾸짖고 명령하기만 하면 좌절할 뿐이다. 우선 있는 그대로 받아들여야 한다. 특히 일이 생각대로 되지 않아 좌절했을 때에는 그런 마음 상태를 그대로 받아들여야 한다. 왜 그렇게 좌절해 있느냐고 꾸짖으면 마음은 설 곳을 잃고 헤매게 된다. 열심히 일할 마음이 들지 않을 때는 '지금은 내가 일을 하기 싫구나!' 하고 마음을 향해 속삭이며 인정해 보라. '지금은 그렇구나' 하고.

04 마음을 관찰하고 감시한다

'마음은 들뜨기도 하고 가라앉기도 한다'는 사실을 인식하고, '있는 그대로의 마음'을 받아들인다. 주위에서 발생하는 상황에 대해서도 일단 '그렇구나' 하고 받아들인다. 판단은 잠시 접어둔다. 이것이 평상심을 지니기 위한 기본적인 태도다. 하지만 이런 태도에도 불구하고 '마음의 흔들림'이 있다면, 이를 잘 관찰하고 감시해야 한다.

그러면 사람마다 각기 다른 마음의 '반응 패턴'과 '조건반사 패턴'이 있다는 것을 알게 된다. 이렇게 자신의 마음을 관찰하면 이런 말을 하게 될지도 모른다.

"나는 상사에게 칭찬 받으면 피곤한 줄도 모르고 의욕이 다시 생기는구나."

혹은 그와 반대되는 결과를 알게 될 수도 있다.

"나는 조금이라도 나쁜 점을 지적당하면 완전히 좌절하는구나."

혹은 습관처럼 찾아오는 불안에 대해서 깨닫게 될 수도 있다.

"나는 운전할 때 보행자나 자전거가 튀어나올까 늘 안절부절못하는구나."

좋거나 싫은 반응이 생길 때에는 자신의 마음에서 한 발짝 떨어져 '나는 이런 것을 좋아하는구나' 혹은 '나는 이런 것을 싫어하는구나' 하고 객관적으로 관찰해 보자. 아마 마음에서 일어나는 반응 패턴, 즉 조건반사의 패턴을 알게 될 것이다.

이런 관찰은 소위 '메타인지'와 비슷하다. 메타인지란 자신의 인식을 한 단계 높은 차원에서 객관적으로 검토하는 것이다. 마음을 관찰하고 감시하는 것도 이와 마찬가지다. 마음의 움직임을 살펴보며, 자동적으로 일어나는 반응 패턴을 감시하는 것이다.

굳이 '감시'라는 말을 쓰는 이유는 마음이 특정한 감정에 푹 빠져드는 것을 막을 수 있기 때문이다. 그리고 감시를 계속하면 자신의 마음이 어디에 집착하고 있는지, 어떤 순간에 '만(慢)'에 휘둘리며 조건반사를 하는지도 알게 된다. 이렇게 되면 마음이 들뜨고 가라앉는 폭도 조금씩 좁혀갈 수 있다.

마음을 관찰하다 보면 기분이 한없이 가라앉을 때가 있다. 그럴 때 '이런 패턴이라면 난 우울해져. 하지만 이런 모습도 나 자신이니까 받아들이자. 그리고 잠시 가만히 내버려 두자. 때가 되면 다시 괜찮아질 테니까'라고 생각하자. 반대로 일이 잘돼 기분이 들떠 있을 때는 '내 마음이 강한 반응을 보이는구나. 지금 내 '자존심=만(慢)'이 날뛰고 있구나'라고 생각해 보자. 이런 인식이 가능해지면 지나친 기쁨을 자제할 수 있고, 그 뒤에 따라올 고통도 줄일 수 있다.

또한 주변 일에 일일이 반응하며 가치 판단을 하지 않게 되며, 안절부절못하는 대신 사태를 가만히 내버려 두고 바라볼 수 있게 된다. 다른 사람에게 비판적인 말을 들었을 때 곧바로 울컥해 되받아치는 조건반사가 습관으로 굳어진 사람에게 이 방법은 특히 효과적이다. 한숨 돌리면서 마음이 차분히 가라앉기 때문에 욱하지 않고 냉정하게 이야기할 수 있게 된다.

결론적으로 마음을 관찰하고 감시할 때 가장 좋은 점은 아등바등하는 습관이 조금씩 사라진다는 것이다. 물에 빠졌을 때 당황해서 허우적대면 결국 빠져 죽고 만다. 그러나 우울이나 절망에 빠져들고 있는 마음을 그대로 받아들이면, 어느새 마음이 담담해져 느긋하게 헤엄쳐 살아날 수 있다. 너무 조바심 내지 말고, 마음을 계속 관찰하고 감시하면 평상심에 한 걸음씩 다가갈 수 있다.

제1장 왜 평상심을 유지하기 어려운가?
자존심과 사귀는 법

버려둔다
일일이 좋거나 나쁘다고 판단하지 않는다.

마음의 움직임을 관찰하고 감시한다
마음이란 들뜨기도 하고 가라앉기도 한다고 받아들인다.

마음 상태를 있는 그대로 받아들인다
아이와 마찬가지로 마음은 꾸짖기만 하면 비뚤어져 버린다.

마음이 '만(慢)'의 상태에 있음을 깨닫고 바로잡는다
마음의 조건반사 패턴을 감시해 휘말리지 않는다.

: 제2장 :

왜 누군가를
싫어하게 되는가?

일, 친구, 가족과
잘 지내는 법

좋고 싫은 감정은
도대체 왜 생기는 것일까?

●
．

　제2장에서는 우리는 왜 인간관계에 쉬이 지치고, 평상심으로 다른 사람을 대하기가 어려운지 등에 대해 이야기해 볼까 한다. 회사, 가정, 친족, 친구… 신문의 인생 상담 코너에는 대부분 인간관계에 대한 고민이 올라와 있다. 회사를 그만두거나 이직하는 사람들의 80%는 상사나 동료들과의 인간관계 문제 때문이라고 한다.

　인간관계에 고민하는 내용을 들어보면 '~씨가 좋아' 혹은 '~씨가 싫어'라는 감정의 문제임을 알게 된다. 보통 누군가에게 한번 싫은 감정이 생기면, 우리는 그 사람이 가까이 있는 것만으로도 불쾌해진다.

　그렇다면 좋아하는 감정에는 아무런 문제가 없을까? 그렇지 않다. 내가 상대방을 좋아한다고 반드시 상대방도 내게 호의나 호감을 보인다는 보장은 없다. 만일 '나는 좋아하는데, 그 사람은 그렇지 않은 것 같아'라며 고민하는 상황에 이르게 되면, 이미 내 자존심은 큰 상처를 입은 뒤다. 이 단계에 이르면 마음에 상처를 입힌 상대를 무의식적으로 싫어하게 된다. 비록 스스로는 계속 그를 좋아한다고 믿고 있을지라도.

석가는 "사랑하는 사람과 만나지 말라. 사랑하지 않는 사람과도 만나지 말라"고 했다. 좋고 싫은 감정이나 사랑은 일종의 '집착'이고, 고통의 원인이 되기 때문에 경계하라는 뜻이다. 실제로 좋고 싫은 감정이나 사랑과 무관하게 살아가면 평상심을 유지하기가 쉬울 것이다. 하지만 나처럼 평범한 수도승이나 보통 사람들에게 이는 너무 어려운 일이다.

좋고 싫은 감정은 인간이 살아오는 동안 쌓은 '업(카르마)'때문이라고 할 수 있다. 생명은 '좋다' 혹은 '싫다'는 조건반사를 통해 유지된다. 좋고 싫음에 따라 흥분해 달려들거나 도망치는 충동적인 행동을 통해 살아남을 수 있기 때문이다. 예를 들어 우리 마음은 위험한 것에 대해서 '싫다'는 감정이 생기도록 프로그램화되어 있다. 이것은 하나의 업이 쌓이면서 마음에 만들어 놓은 틀이기도 하다. 그리고 싫은 감정이 생기면 그것에 적대적으로 맞설 것인가, 아니면 위험한 것으로부터 도망칠 것인가를 선택해 행동으로 옮기게 된다.

　인류는 몇 만 년의 시간을 거치면서 항상 다른 동물의 공격에 죽을지도 모르는 위험을 이겨내며 살아남았다. 때문에 위험을 알아채고 고통을 회피하는 감정이 색다르게 발달했다. 그런데 위험을 파악하는 기능이 과도하게 발달한 이런 시스템은 현대와 같이 평화스러운 상황에서는 과잉 반응으로 끝나기가 쉽다. 예를 들어 그럴 필요가 없음에도 수시로 '싫다'는 감정이 생기는 바람에 화가 나거나 한탄하는 경우가 그렇다. 한편 생명을 유지하는 데 도움이 되는 상황에 대해서는 '좋다'는 감정이 생기도록 프로그램화되어 있는데, 그런 감정이 생기면 그 상황 속으로 좀 더 다가가 필요한 것을 손에 넣으려는 행동을 보이게 된다.

　동물은 위험하거나 싫어하는 것에 대해서는 싸우거나 도망치고, 좋아하는 것에 대해서는 곧장 다가서는 프로그램을 확실히 따르며 살아간다. 그것이 생명을 유지하는 데 유익한 프로그램이기 때문이다. 마찬가지로 인간에게도 이런 프로그램의 영향이 강하게 남아 있다. 예를 들어 누구나 어느 집단이나 조직에 들어가게 되면, 좋아하는 사람과 싫어하는 사람을 무의식적으로 구별하게 된다. 특히 좋고 싫고를 구별할 만한 확실한 일이 없어도 어떤 사람은 왠지 모르게 좋다(내게 도움이 될 것 같다)거나, 어떤 사람은 왠지 모르게 싫다(내게 위험하고 피해를 줄 것 같다)고 생각하게 된다.

이때 중요한 것은 무의식 수준에서 마음의 움직임을 인식하는 메타인지 과정이다. 내 마음속에 그런 프로그램이 작동한다는 것을 인식하는 것만으로도 프로그램으로부터 조금 더 자유로워질 수 있기 때문이다.

'지배욕' 때문에
평상심을 유지할 수 없다

　우리가 좋다고 느끼는 대상은 수없이 많다. 그중에서도 지배욕이 충족되었을 때의 좋은 느낌은 아주 강력하다. 다른 사람보다 위에 서고 싶은 마음, 내 말과 의지대로 상황이 정리되기를 바라는 마음 모두 지배욕에서 나온 것이다. 누구나 한번쯤, 아니 대부분의 경우에 상대보다 우위에 서고 싶고, 상대보다 유능하다는 것을 보여주고 싶다고 생각한 적이 있을 것이다. 상대방을 설득하는 순간에도, 내 마음은 '상대방에 충고하고 있는 나의 유능함'에 취해 있다는 것이다. 즉 상대보다 내가 위에 있음을 확인하는 순간 쾌락을 느끼게 된다. 특히 조언을 할 때에는 상대에게서 '감사를 받고 싶은' 욕심도 숨겨져 있다.

이런 감정들은 많든 적든 누구나 마음속에 품고 있는 것으로, 그 뿌리에는 상대에 대한 '지배욕'이 숨어 있다. 지배욕이란 상대보다 자신이 위에 있음을 확인하고, 상대를 자신의 생각대로 움직이거나 바꾸고 싶은 욕망이다. 이런 '지배욕'을 깊이 파헤치면 그 근원에는 '사랑받고 싶다' 혹은 '그가 나를 사랑해줬으면 좋겠다'와 같은 유아기의 자기애가 자리하고 있음을 알게 된다.

그렇기에 가장 기분 좋게 느껴지는 지배의 형태는 자신이 아무것도 하지 않아도 모두가 자신을 존경하고, 자신의 언동에 주의해 귀를 기울이고, 자신이 하려는 것을 먼저 알아서 해 주는 상태다. 마치 부모가 아기를 사랑하듯이 모두가 자신을 배려하고 챙기는 그런 사랑을 받고 싶은 것이다.

'말하지 않아도 해 줬으면 좋겠다'
'말하지 않아도 알아줬으면 좋겠다'
'내 기분을 말하지 않아도 알아서 맞춰줬으면 좋겠다'

이런 불만을 느낄 틈도 없이 주위 사람들이 자신만 바라보며 자연스럽게 자신을 위해 움직여주는 것이 아마 가장 기분 좋고 확실한 '지배' 상태일 것이다.

학교 선생님으로 치자면 학생으로부터 늘 존경을 받아 "조용히

해!"라고 말 한마디만 해도 교실이 쥐 죽은 듯 조용해지는 경우다. 또는 굳이 말할 필요도 없이 학생들 모두가 진지하게 선생님의 말에 귀를 기울이는 상태이기도 하다.

반면 언제나 학생들을 혼내는데도 좀처럼 조용해지지 않는 선생님도 있다. 이들은 '학생을 지배하고 싶다, 교사로서 위엄을 보여주고 싶다, 학생들로부터 존경받고 싶다'고 생각하지만, 생각대로 이루어지지 않아 언제나 초조해진다.

이처럼 '지배욕'이 무엇인지 꼼꼼히 파헤쳐 보면 '모두가 나를 소중하게 대하고, 내 기분을 파악해 알아서 맞춰줄 정도로 사랑받고 싶다, 조건 없이 사랑받고 싶다'는 기분에서 나온 것이다. 즉 그런 식으로 자신의 '만(慢)'을 만족시켜 쾌락을 얻고 싶은 욕망이라고 말할 수 있다.

이런 욕망이 안 좋은 점은 한두 가지가 아니다. '말하지 않아도 알아줬으면 좋겠다'는 생각이 너무 강하면, 원하는 것을 직접 말하지 않고 "어째서 매일 그렇게 바쁜 거야"라고 엉뚱하게 화를 낸다. '말하지 않아도 알아서 행동했으면 좋겠다'라고 생각하는 직장 상사는 "어째서 자네는 상식도 없는 건가"라고 부하 직원에게 애매한 비판을 쏟아내게 된다.

누구나 무의식에서는 '저 사람이 나를 조건 없이 사랑하고, 내 기분을 척척 알아줬으면 좋겠다'고 바란다. 자신도 모르는 사이에 이런 기대가 작용하면, 말을 빙빙 돌려서 하게 돼 받아들이는 쪽은 이해하기가 어렵다. 그리고 대부분 그런 기대는 만족되기 어렵다.

이 세상에 무조건적으로 다른 사람을 사랑할 수 있는 사람은 거의 없다. 그러므로 조건 없이 사랑을 받아 다른 사람의 우위에 서고 싶은 '만(慢)'은 실현이 불가능한 욕망이다. 그런 것을 바라며 이루어지지 않는다고 초조해 하면 인간관계에 지쳐 버릴 수밖에 없다. 조건 없이 사랑받기는커녕 오히려 쓸쓸한 무력감을 느낄 뿐이다. 결국에는 이런 감정에서 벗어나기 위해 '분노'가 끓어오르게 되고, 그만큼 마음은 더욱 힘들어지게 될 뿐이다.

회사는 '지배'와 '피지배'로 이루어지는 세계다

'지배욕'이나 무조건적인 사랑으로 우위에 서고 싶은 '만(慢)'이 구체적으로 현실화된 세계가 '회사'라는 조직이다. 아무리 민주주의가 발달한 국가라도 회사는 비민주적인 경우가 많다.

민주주의는 기본적으로 다수결을 원칙으로 삼지만, 회사에서 다수결이 통용되는 경우는 거의 없다. 부하 직원이 아무리 반대해도 상사가 "하자!"고 정한 것은 반드시 해야 한다. 상사와 부하 직원은 지배하고 지배당하는 철저한 상하관계이기 때문이다.

상사는 부하 직원보다 '지배 영역'이 넓다. 과장, 부장, 이사 등으로 점점 지위가 높아질수록 지배 영역도 점점 넓어진다. 따라서 회사에서 가장 넓은 지배 영역을 가진 사람은 사장이다. 어찌 보면 회사는 '지배욕' 자체가 긍정적으로 여겨지는 조직이라고 할 수 있다. 우수한 사람일수록 더욱더 큰 지배 영역을 갖는 게 회사의 실적도 좋아지고, 이익도 최대화할 수 있는 가장 합리적인 방법이라고 생각하기 때문이다.

회사는 시장에서의 지배 영역을 넓혀 지배자가 되려는 노력을 거듭한다. 모두가 노력하는 경쟁 사회이기 때문에 경쟁에서 진 회사는 도산하거나 다른 회사에 흡수된다. 이런 경쟁에서 이기려면 일단 회사 내에서도 경쟁이 도입되어 조직을 단련해야 한다. 그러기 위해서는 누구에게 지배권을 줄 것인가, 혹은 누가 지배하면 회사가 잘될 것인가를 날마다 시험하며 사원들을 경쟁으로 내몰아야 한다.

이것이 경쟁 원리를 축으로 하는 자본주의 사회의 존재 방법이다. 회사에서는 '자신이 일하는 영역을 지배할 수 있는 우수한 사람이 돼라' '다른 이들보다 뛰어나다는 것을 증명하라'는 가르침을 당연한 것으로 받아들이며 일을 한다. 이처럼 회사는 '지배욕'이 긍정적으로 여겨지는 조직이다. 이런 곳에서 긴 시간을 보내기 때문에 바짝 정신을 차리지 않으면 '지배욕'이 자기도 모르는 사이에 점점 커진다는 것을 늘 명심해야 한다.

상사인 당신은 왜 부하 직원이
늘 마음에 들지 않는가?

　지금까지 자본주의 사회의 지배 경쟁에 대해 간단히 알아보았다. 이제부터는 회사 안에서 서로 경쟁하다가 인간관계에 지쳐 평상심을 잃는 모습에 대해 살펴보겠다.
　예를 들어 자신이 부하 직원을 대여섯 명쯤 거느린 상사라고 생각해 보라. 이런 경우 앞에서 말했듯이 동물적인 본능으로 쌓아온 '업(카르마)'에 따라 무의식적으로 좋아하는 사람과 싫어하는 사람을 구별하게 되기 쉽다. '말이 잘 통하는 부하' '어딘지 모르게 마음에 드는 부하'는 좋아하는 사람으로, '왠지 말 붙이기 어려운 부하'는 싫은 사람으로 나누기 쉽다. 싫은 부하 직원에 대해 드러내 놓고 공격하는 상사는 거의 없지만, 마음속에선 늘 그를 싫은 사람으로 분류하기 바쁘다.

또한 회사는 일에서 성과를 내기 위한 장소다. 따라서 상사는 부하 직원이 맡은 일을 해내고, 부서 내에서 특정 역할을 감당하기를 기대한다. 상사가 부하 직원에게 갖는 '기대치'는 상사의 판단에 따라 높을 수도 있고 낮을 수도 있지만, 어쨌든 자신의 '기대치'를 근거로 부하 직원을 평가하고 구별한다. 이런 상사의 역할은 승진이나 승급에 직접적인 영향을 끼치기 때문에 아주 중요하다.

부하 다섯 명이 상사인 당신의 기대치를 다음과 같이 채우고 있다고 생각해 보자.

A: 기대치의 90%
B: 기대치의 80%
C: 기대치의 60%
D: 기대치의 50%
E: 기대치의 40%

이 경우 '기대치'를 근거로 한 평가 결과가 부하 직원에 대한 좋거나 싫은 감정과 직결되기 쉽다. 기대치의 90%을 채운 부하 A는 당연히 상사인 당신이 업무를 추진하는 데 많은 도움을 줄 것이다. 반대로 기대치의 40%밖에 채우지 못한 E는 당신의 승진을 방해할 것이다. 당연히 상사인 당신은 A를 좋아하게 되고, E는 싫어하게 된다.

하지만 이렇게 구별하는 기준은 상대적이다. 예를 들어 부하 A와 E가 다른 부서로 가거나 사직을 하게 되면, 다음은 부하 B를 좋아하고, D를 싫어하게 된다. 좋고 싫은 것을 어떻게든 찾아내고야 마는 동물로서의 업이 작용하기 때문이다.

비즈니스의 세계에서는 '2:6:2의 법칙'이라는 것이 자주 언급된다. 이 법칙은 어떤 조직이든 '20%의 우수한 사람, 60%의 보통 사람, 20%의 구제불능인 사람'으로 나뉜다는 이론이다. 한 그룹의 사람들을 좋은 사람과 싫은 사람으로 분류할 때에도 대개 이 법칙을 따를 수 있다. 예를 들어 열 명의 사람이 있다면 '두 명은 좋아하는 사람, 여섯 명은 좋지도 싫지도 않은 사람, 두 명은 싫어하는 사람'이라고 무의식적으로 구별해 버리는 경우가 많다고 생각된다. 어쩌면 억지로라도 '싫어하는 사람' 두 명을 찾고 있는 것일지도 모른다.

개입해도 변하지 않는
부하 직원 때문에 상처받는다

․
․

회사처럼 지배와 피지배 관계가 아닌 조직에서는 '싫은 사람'이 있어도 특별히 문제 삼거나 하지 않는다. 예를 들어 아파트의 부녀회나 학교의 사친회에 마음에 안 드는 사람이 있다고 하자. 일일이 그 사람을 찾아가 마음에 들지 않는 행동을 고치도록 요구하는 사람이 있을까? 그냥 싫은 느낌에서 끝나고 마는 경우가 대부분이다. 하지만 상사와 부하 직원의 관계는 다르다. 상사는 자신이 싫어하는 부하 직원의 행동을 그냥 넘기지 않는다. 특히 자신의 기대치에 미치지 못하는 부하 직원에 대해선 업무 태도에 일일이 '개입'하여 일하는 법이나 태도를 바꾸라고 요구한다.

만일 영업 팀장이라면 실적이 저조한 부하 직원에게 영업 방식을 철저하게 가르쳐 실적을 올리도록 할 것이다. 심한 경우엔 사생활까지 간섭하는 상사도 있을 수 있다. 예를 들어 옷을 밝은 색으로 입으라거나, 인사를 좀 더 큰 목소리로 하라면서 부하 직원을 질책할 것이다. 일터는 상사의 지배 영역이기 때문에 마음에 들지 않는 부하 직원이 있으면, 그의 행동에 개입해 바꾸려고 하는 것이다.

회사는 지배와 피지배가 원칙인 세계이므로 부하 직원은 상사의 개입에 겉으로나마 순종하며 수긍할 수밖에 없다. 상사에게 다른 의견을 내놓는 게 쉬운 일이 아니고, 용기를 내도 어차피 결국에는 상사의 의사를 따를 수밖에 없는 처지이기 때문이다. 상사는 부하 직원이 "네, 알겠습니다" 하고 굴복하면 자신의 '지배욕'이 충족되므로 기쁨을 느낀다. 하지만 실제로는 상사가 개입했다고 부하 직원이 곧바로 바뀌는 경우는 많지 않다. 실적이 좋지 않던 부하 직원이 어느 날 갑자기 최우수 영업 사원이 되기는 어렵다. 내성적이고 목소리가 작은 사람이 갑자기 활발해지는 것도 쉽지 않은 일이다.

그럼에도 많은 상사들이 자신이 개입했음에도 변하지 않는 부하 직원에게 화를 내기 바쁘다. 원래 싫었던 부하 직원이 더 싫어지는 것은 당연한 일이다. 아마도 부하 직원을 마음대로 바꿀 수 없는 자신의 무력함 때문에 그토록 화를 내는 것일 수도 있다. 남에게 인정받고 우위에 서고 싶은 '만(慢)'으로 가득 찬 마음이 상처받기 때문이다.

그러나 부하 직원이 변하지 않으면 오히려 자신의 무력함을 깨닫고 반성을 하는 것이 옳은 일이다. 부하 직원에게 화풀이를 하고 싶더라도 참고, 어떻게 하면 변화를 이끌어낼지를 다시 한 번 진지하게 생각해야 한다. 그리고 부하 직원이 자신을 존경하며 곧 변하리라 믿었던 오만을 반성해야 한다. 그래야만 '만(慢)'의 번뇌에 휘둘리지 않고 평상심을 유지할 수 있다.

평상심과 관련해 회사 생활에서 실제로 도움이 될 만한 팁을 하나 제시해 볼까 한다. 상사가 평상심을 유지하지 못하고, 감정적으로 화를 내고 소리 지르면 오히려 자신만 손해라는 것을 알아야 한다. 대부분의 부하는 변하기는커녕 상사에 대한 반감을 느끼고 위축되어 쉽게 일에 집중하지 못할 뿐이다.

그럼에도 부하가 변하지 않을 때, 자신의 무력함을 받아들이고 평상심을 유지하는 길을 선택하는 상사는 그렇게 많지 않다. 오히려 자신의 무력함을 외면하고 도망치기 위해 더욱더 부하를 공격하고 '상대를 괴롭힐 수 있는 힘'을 실감하려고 드는 경우가 대부분이다. 자신의 무력함을 인식시켜 '만(慢)'에 상처를 입힌 부하를 공격해서 '나는 무력하지 않다'는 것을 보여주고 싶은 것이다.

그렇기 때문에 상사나 경영진처럼 다른 사람들을 관리하고 지배하는 사람들에게는 어느 정도의 인격이나 덕이 요구된다. 아래에 있을 때 살아남기 위해서 복종하는 것은 그리 어렵지 않다. 하지만 마음대로 권력을 휘두를 수 있는 위치에 올라가면, 남에게 인정받고 자랑하고 싶은 '만(慢)'이 그 본성을 드러내기 때문이다.

역사를 돌아보면 스탈린이나 마오쩌둥 같은 혁명가들도 절대적인 지배자의 위치에 오르자 본색을 드러내고 독재 권력을 휘둘렀다. 사실 마르크스나 엥겔스도 좀 더 오래 살아서 권력을 갖게 되었다면 평등주의자로 남았을지 의문이다. 지배자는 필연적으로 '만(慢)'을 키울 수밖에 없는 위험을 안고 산다. 더 많은 사람들을 지배하게 될수록 다른 의견을 내거나 맞설 사람이 없어지기 때문이다. 그러므로 지배자는 이런 위험을 잘 알고 있는 사람이 되어야 한다.

부하인 당신은 상사의 지배에
어떻게 대응하는가?

●
●

왜 수많은 직장인들은 상사에 대한 불만을 쌓아가며 인간관계에 지쳐가는 것일까? 상사의 지배를 받는 '피지배자의 위치'라는 게 원래부터 인내가 필요한 자리이기 때문이다. 조직에 속한 사람이라면 누구나 최종적으로는 상사의 명령에 복종해야 한다.

그런데 부하의 불만에도 역시 '만(慢)'이 관련되어 있다. 바로 '만(慢)' 때문에 더욱더 커다란 불만을 느끼기 때문이다. 예를 들어 부하는 상사가 자기만 특별히 대해 주기를 바라는 잠재적인 나르시시즘을 가지고 있다. 다른 직원보다 더 많이 총애 받고 더 많이 사랑 받아 자신의 '만(慢)'을 기쁘게 해주고 싶어 한다.

어린아이는 부모의 애정을 독점하기 위해 형제끼리 싸우는 경우가 많다(이 다툼은 성장한 뒤에도 이어지는 경우도 있다). 부하 직원의 마음도 이와 비슷하다. 상사에게 특별한 존재로 대접 받고 싶은 것이다. 그러나 거의 무의식적으로 품게 되는 이러한 욕구도 대부분의 경우 만족시키기가 힘들다. 앞에서 말했듯이 대부분은 '좋지도 싫지도 않은' 부하 그룹에 속하게 되기 때문이다. 어디서나 상사의 호감을 얻는 사람은 소수일 수밖에 없다. 그리고 올바른 상사라면 소수의 부하만 특별히 대하지 않으려고 노력할 것이다.

다른 동료들보다 더 많이 상사의 인정을 받고 싶다는 욕구로 '만(慢)'을 키운 부하 직원은 결국 어떻게 될까? '만(慢)'이 커지는 만큼의 고통을 더 겪게 된다.

회사에서 상사의 총애를 받는 여직원이 있었다. 그녀는 부서의 유일한 여직원이었기 때문에 상사는 그녀를 좀 더 특별하게 대했다. 남자 직원이었으면 심하게 질책했을 실수도 그녀가 하면 별로 꾸짖지 않았다. 반대로 조금이라도 잘하는 일이 있으면 "굉장해!"라며 칭찬을 아끼지 않았다.

성실했던 그녀는 상사의 칭찬까지 받자 점점 더 의욕이 높아져 업무에서도 좋은 성과를 올렸다. 자연스럽게 상사의 총애는 더 커졌고 그만큼 '사랑 받고 싶다'거나 '특별 대우를 받고 싶다'는 그녀의 '만(慢)'도 점점 더 비대해졌다.

그러던 어느 날 그녀를 총애하던 상사가 다른 부서로 발령이 났다. 문제는 새로 부임한 상사는 부하를 다룰 때 남녀를 구별하지 않는 스타일이었다는 것이다. 상사는 누구든 실수를 하면 질책하고, 잘하면 칭찬을 했다. 다른 사원 입장에서 보면 올바른 상사였지만, 옛 상사의 총애를 받던 여직원은 큰 상처를 받았다. 자신만 특별히 대해 주던 옛 상사 때문에 비대해진 '만(慢)'이 새로운 현실을 부정하게 만들었기 때문이다. 결국 그녀는 한동안 휴가를 내고 쉬어야 할 정도로 힘들어 했다고 한다. 이렇듯 '만(慢)'이 커지면 결국 고통 받는 것은 자기 자신이다.

나만 손해 보기 싫다는 생각도 '만(慢)'이다

'나만 특별하게 대우 받고 싶다'고 생각하는 부하 직원은 반대로 '내가 손해 보는 불공평한 대우'에도 민감하게 반응한다. 특히 자기만 손해 보는 것을 아주 싫어한다.

다른 동료보다 내 업무량이 많다, 다들 귀찮아하는 일을 내가 떠맡고 있다, 나만 가치 없는 일을 하고 있다, 잡일을 하고 있다는 식으로 자신만 손해 보고 있다는 생각을 하게 되면, 불공평한 취급을 받는다고 느끼며 극도로 분노를 하게 된다. 남보다 우위에 서고 싶은 '만(慢)'이 상처를 받기 때문이다.

하지만 상사의 입장에서는 모든 일을 공평하게 나누어 부하 직원에게 시키는 것은 불가능하다. 게다가 상사의 궁극적인 목표는 부하 직원들 각자의 능력을 파악하여, 그에 맞게 적절하게 일을 나눠주는 것이다. 조직 전체의 실적을 향상시키려면 모두에게 일을 똑같이 나눠줄 수는 없다는 뜻이다.

물론 불공평하다는 느낌이나 불만이 쌓여서 일의 능률이 떨어지지 않도록 어느 정도 신경을 쓰겠지만, 목적을 달성하려면 다소 차별 대우를 할 수밖에 없다. 그러므로 부하 직원이 다른 동료와 비교해서 자기만 손해를 보고 있다거나 불공평한 대우를 받고 있다고 생각하게 되면 상사와의 인간관계가 틀어져 버린다.

심한 경우에는 '나만 손해를 보고 있어 싫다'에서 더 나아가 '나는 주변 사람들보다 더 불행해, 나는 운이 나빠'라는 생각에 사로잡히는 경우도 있다. 이런 사람은 언제나 어두운 감정에서 나오는 침울한 분위기를 주위에 퍼뜨린다. 게다가 이처럼 마이너스 방향으로 자신을 특별하게 생각하는 '만(慢)'에 사로잡힌 사람은 지배욕이 강한 '만(慢)'을 가진 사람을 끌어당긴다. 즉 그런 상사에게 미움을 받고 공격당해, 그 결과 자기만 운이 나쁘다고 생각하는 '만(慢)'은 더욱더 강해진다.

'만(慢)'의 형태에는 여러 가지 모습이 있다. 평소 자신이 불행하거나 운이 나쁘다고 생각하던 사람이 아니더라도 상사의 기대치에 응하지 못해 질책을 받게 되면 '만(慢)'이 상처 받는다. 남들보다 특별한 대우를 받아야 한다고 생각하는 '만(慢)'이 없는 사람이라 해도, 자신이 다른 사람보다 못하다고 생각하고 싶지는 않기 때문이다. 그래서 업무상 질책을 당하면 누구든 눈에 띄게 '만(慢)'이 상처를 받는다.

결국 부하로서 상사와의 인간관계에서 힘들어지지 않으려면 적당한 체념이 필요하다. 불공평한 대우, 불합리한 명령, 지루한 설교와 같은 것들도 월급을 받기 위한 업무에 포함되어 있다고 생각해 보자. 어차피 어떤 회사에 가든 피할 수 없는 일이다. 이처럼 평상심을 유지하기 위해선 불합리한 현실을 체념하고 받아들이는 지혜도 필요하다.

회사는 혼자서 꾸준히 일을 한다고 좋은 결과를 내는 게 불가능한 조직이다. 어차피 '지배'와 '피지배'라는 관계 속에서는 여러 불합리하고 싫은 일도 견뎌야만 업무를 추진할 수 있다. 따라서 부당하게 느껴지는 것들도 모두 일에 포함되어 월급을 받고 있다고 받아들이는 것이 지혜로운 길이다.

불합리함을 받아들이지 않고 분노하면, 그 순간 자신의 '만(慢)'이 상처를 입고 고통을 받게 된다. 그러니 직장인들은 늘 '만(慢)'을 버려 불합리함을 받아들이며 눈앞의 일에만 집중하도록 마음을 다스려야 한다. 그렇게 하면 동료들과 함께 어울려 일하기가 훨씬 쉬워질 것이다.

상사가 부하 직원에게 원하는 기대의 내용이나 크기도 제각각 다르다. 일에서 실적을 올리면 기뻐하는 상사가 있는가 하면, 팀의 분위기를 명랑하고 활발하게 이끌어가는 업무 태도를 중요시하는 상사도 있다.

상사의 지배를 받는 것도 업무의 일부로 받아들이고, 가능한 범위 안에서 그 일을 잘 해내겠다고 늘 마음에 새기고 있어야 한다. 혹 질책을 받거나 남보다 우위에 서지 못했다고 '만(慢)'에 상처를 입고 괴로워하는 일은 없어야 한다. 대신에 부족한 점을 찾아 더 잘하려고 열심히 노력하면 된다.

부모와 직장 상사는 선택할 수 없다는 말이 있다. 맞는 말이다. 따라서 선택할 수 없는 이상 있는 그대로 받아들이면 된다. 특히 직장에서는 '지배'와 '피지배' 관계를 벗어날 수 없다는 사실을 명심하자. 피지배자로서 어떤 종류의 불합리함은 그대로 받아들이는 것이 평상심을 유지하는 비결이며 스트레스를 느끼지 않고 일하는 비결이다.

우리는 학교 교육이나 미디어를 통해 '인간은 평등하게 대우 받아야 한다'고 계속 세뇌되어 왔다. 그래서 불합리한 것으로 가득 찬 현실을 더욱 받아들이기 힘든 것일지도 모른다. 하지만 현실에서 스트레스를 받지 않고 살아가려면 그런 '세뇌'로부터 벗어나 불평등을 직시하고 받아들이는 태도가 매우 중요하다.

인간은 어느 정도
환경을 선택해야 한다

　내가 아는 어느 회사는 사장이 직원을 종처럼 부려먹고, 심지어는 폭력을 휘두르는 것으로 악명 높다. 사정이 그렇다 보니 직원들은 반년도 채우지 못하고 회사를 그만두는 경우가 허다하다. 해마다 많은 신입사원을 채용하는 이유도 다 그 때문이다. 혹시 신문에 항상 구인광고를 내는 회사가 있다면, 사원을 함부로 대하는 곳은 아닌지 의심해 볼 필요가 있다.
　상사들 중에도 부하 직원을 괴롭히면서 오로지 실적만 추구하는 사람이 있다. 그런 상사 밑에서는 우울증에 걸리거나 못 견디고 퇴사하는 부하 직원들이 줄줄이 생긴다. 심지어 부하 직원이 아플 때까지 밀어붙이며 닦달하는 상사도 있다. 이런 상사의 마음속에 있는 '만(慢)'은 부하 직원이 병에 걸린 것을 걱정하지 않고 오히려 기뻐한다. '나의 기대에 응하지 못하는 부하는 그만둬도 상관없다'라고 생각하는 경우도 있고, 좀 더 악한 사람은 '다른 사람의 마음을 파괴할 수 있을 정도로 영향력을 행사하는 지배자가 되고 싶다'라고 생각하기도 한다. 그런 상사는 부하 직원이 아파서 그만두는 것을 보고, 자신의 지배력이 그만큼 강하다는 생각에 기쁨을 맛보는 것이다.

이렇게 병적으로 지배욕, 즉 '만(慢)'이 커진 사람은 어느 회사에나 있다. 회사의 본질을 적나라하게 파헤치면, 회사란 실적만 올려주면 아랫사람을 어떤 식으로 '지배(매니지먼트)'하든 상관없는 조직이다. 요즘은 관계자들의 이해를 조정하며 의사를 결정하는 기업 통치 개념이 도입되고 있지만, 여전히 상사의 만행에 대해선 눈감아주는 회사가 많다. 특히 좋은 실적을 올리고 있다면 두말할 것도 없다.

만약 이런 몰지각한 회사나 상사 밑에서 일하고 있다면, 과감하게 회사를 옮기는 것을 고려해 봄 직하다.

회사에서 일할 때에는 적당히 체념하는 태도도 중요하지만, 인간에게는 가능한 범위에서 환경을 선택할 능력 또한 있다. 병적으로 비대한 '만(慢)'을 가진 사람을 피해가는 것도 하나의 지혜이다. 너무나 가혹한 노동이나 격한 인신공격이 계속된다면, 그런 환경을 벗어나기 위해 노력을 해야만 한다.

 다만 전직(轉職)을 반복하는 사람은 상사나 주변의 '만(慢)'이 너무 비대하다고 불평만 하지 말고, 혹시 자신의 '만(慢)'이 커진 것은 아닌지 돌아볼 필요가 있다. 이에 대해선 제1장에서 다룬 '자신의 마음을 관찰하고 감시하는 법'을 참고하길 바란다.

괴물처럼 '만(慢)'이 강한 사람은 훨씬 더 괴롭다

•
•

괴물처럼 '만(慢)'이 강한 사람은 당연히 괴로운 인생을 살 수밖에 없다. 고통을 본인이 자각하든 아니든 그 여정이 순탄할 수 없는데, 왜냐하면 다음과 같은 악순환에 사로잡히기 때문이다.

'만(慢)'이 강함 = 지배욕 강함 = 주변에 대한 요구 수준 높음

⇩

하지만 높은 요구는 자주 채워지지 못함

⇩

자신의 '무력함'을 보지 않고, 잊기 위해 화를 냄

⇩

'무력함'을 느끼면서도, 주변에 대한 접근 방법을 바꾸지 않고,

자신의 '만(慢)'을 버리지도 않음.

오히려 바꾸려 해도 바뀌지 않는 상대에게 더욱더 공격과 요구 수준을 높임

(자신의 '만(慢)'을 상처 입힌 죄를 징벌하는 차원에서)

⇩

자신의 요구는 여전히 채워지지 않음

⇩

더 큰 무력감을 느끼게 되고, 더욱더 큰 분노로 그것을 잊으려 함

지옥의 업화에 빠져드는 그야말로 자업자득의 상태라고 할 수 있다. 그러나 괴물처럼 '만(慢)'이 강한 사람도 사실은 자신의 무력함을 심각하게 느끼며 괴로운 상태이다. 그럼에도 화를 내는 게 일상적인 습관이 돼 화를 냄으로써 무력함에 상처 받지 않고 순간순간을 살아갈 힘을 얻는다. 무력감을 잊고 힘이 솟는 느낌을 통해 맛보는 쾌락에 붙잡혀 버리고 만 것이다.

'만(慢)'이 이만큼 비대해진 사람을 주위 사람이 바꾸는 것은 불가능하다. 본인이 '만(慢)'의 고통을 알아차리고, 고통을 바라보며 변해야겠다고 마음을 먹어야만 바뀔 수 있다. 그전까지는 아무리 주위에서 도와주어도 소용이 없다.

내 주위에도 '만(慢)'이 너무 비대해져 거부감이 느껴지는 사람

이 있다. 주위에서 대하기가 힘겨울 정도다. 그런 사람을 마주하면 마음이 흐트러져 평상심을 유지하기가 어렵다. 그래서 되도록 정중하게 거리를 두려고 한다.

한편, 그런 사람에 대한 거부감을 줄이는 방법으로는 '자비의 명상'이 있다. 그가 '만(慢)'으로 인해 겪을 고통을 상상하고 그것을 이해하기 위한 명상을 하면, 다루기 힘든 사람이라는 거부감이 줄고 평상심을 가지고 마주 대하기가 쉬워진다.

'만(慢)'이 강한 사람은 '사랑 받고 싶다'고 계속 바라지만, 소망이 이루어지기는커녕 미움 받고 경원시당하는 사람이다. 따라서 내가 먼저 평상심을 가지고 대하면 인정받는다는 느낌 때문에 공격성을 다소 누그러뜨릴 가능성도 있다. 자신의 무력함에서 벗어나려고 애쓰는 사람이라고 동정심을 느끼고 상대를 받아들여 주는 것도 공격성을 누그러뜨리는 하나의 방법이다.

다른 사람의 '만(慢)'에 비위를 맞추면, 결국 대가를 치른다

비대해진 '만(慢)'을 품고 있는 상대방을 받아들이는 것과 상대의 '만(慢)'에 비위를 맞추어 잘 지내보려는 것은 전혀 다르다. 그렇다면 '만(慢)'에 비위를 맞춘다는 것은 어떤 행동을 말하는 것일까? 예를 들어 내 생각과 다른 말을 해서 아첨하는 것이다.

'지적해 주셔서 감사합니다'
'말씀하시는 대로입니다'
'덕분에 많은 도움이 되었습니다'

물론 진심에서 이런 말을 한다면, 아무 문제도 없다. 하지만 억지웃음을 지으며 마음에도 없는 말을 반복하면 결국엔 큰 대가를 치르게 된다. 왜냐하면 말과 마음속 기분이 다르면 당연히 알력과 갈등이 생기기 때문이다. 자신 안에서 상반되는 것이 서로 부딪히면 스트레스가 쌓여간다. 특히 마음에 반하는 것을 계속 말하면, 자기도 모르는 사이에 마음이 상처를 받는다. 결국 부자연스러운 행위로 인해 스스로 손해를 보는 꼴이 된다. 말은 공짜라는 생각으로 습관적으로 빈말을 하며 세상을 살아가면 오히려 큰 대가를 치르게 된다. 세상엔 공짜란 없다.

특히 장사나 거래에서는 상대방의 '만(慢)'을 이용하는 행위가 넘쳐난다. 영업의 궁극적인 목표는 상대방의 '만(慢)'에 비위를 맞추는 것이라고 생각하는 사람도 있을 것이다. 예를 들어 납품하고 싶은 회사의 결정권자인 부장을 잘 접대해 자기 회사의 제품을 사용하도록 하는 경우는 자주 있는 일이다. 이렇게 교묘하게 농락하고 농락당하는 관계는 왜 일어나는 것일까?

접대 받는 순간이 그 사람의 '만(慢)'이 채워지는 유일한 시간일 수 있기 때문이다. 즉 '사랑 받고 싶다'는 지배욕이 기분 좋게 채워지는 시간인 것이다.

방금 예로 든 부장은 회사에서는 부하 직원에게 그다지 존경 받지 못하고, 집에서도 아내나 자식과 잘 지내지 못하는 사람일지도 모른다. 그런 사람이 아무런 노력도 하지 않았는데 마음껏 술 마시는 자리를 제공하고 비위를 맞춰 주면, '만(慢)'이 제대로 채워지기 때문에 아주 기분이 좋아지는 것이다(실제로는 그의 결정권에 대해 접대하는 것이지만, 결정권을 지닌 사람은 자신이므로 권력과 자신을 동일시한다).

'내가 노력하지 않아도 상대가 알아서 이것저것 잘 해주는' 접대를 받으면, 대부분은 상대방의 속셈에 농락당한다. 그만큼 '만(慢)'을 채우고자 하는 욕구가 강하기 때문이다.

접대를 받아도 일만 잘 진행된다면 괜찮지 않겠냐고 생각할 수도 있다. 하지만 실제로는 접대를 받으면 자신의 회사에 최선의 선택을 할 수 없게 되는 경우가 자주 발생한다. 경쟁 회사 쪽이 더욱 저렴하고 품질 좋은 제품을 내놓아도 접대로 인해 특정 회사의 제품을 사들이고 있다면 회사에 손해를 끼치는 셈이다.

한편 접대하는 쪽에도 문제는 있다. 상대방의 '만(慢)'을 이용해 판단을 흐리고 있기 때문이다. 정말로 자사의 제품이 최고라면 접대를 하지 않아도 언젠가는 충분히 제품을 팔 수 있다. 그것이 안 되기 때문에 접대를 통해 상대방의 판단을 흐리게 한 뒤, 자사 제품을 판매하는 것이다. 이런 거래는 담당자가 바뀌면 눈 깜짝할 사이에 거절당하기 쉽다.

접대에 돈과 시간을 쓰기보다는 자사 제품을 계속 개량해 뛰어난 품질로 승부하며 확고한 신뢰 관계를 쌓는 쪽이 장기적으로 보면 더 유익하다. 즉 상대의 '만(慢)'에 비위를 맞추는 행위는 상대와 나의 마음을 동시에 상처 입히는 행위밖에 되지 않는다. 단순히 거래의 효율 면에서도 장기적으로 볼 때 접대하는 쪽이나 접대받는 쪽이나 이익이 될 게 없다.

이런 관계는 연애를 할 때도 적용할 수 있다. 예를 들어 좋아하는 상대가 자신을 선택해 주길 바라면서 필요 이상으로 상대를 떠받들며 고가의 선물을 주는 사람들이 있다. 이것은 상대의 '만(慢)'에 비위를 맞추고, 상대의 합리적인 판단을 흐리게 하려는 행위다. 이런 식으로 사귀기 시작하면 그 관계는 오래가지 못한다. 언제나 처음처럼 상대를 떠받드는 것도 불가능하고, 그렇게 되면 상대는 실망하고 말기 때문이다. 결국 일에서든 연애에서든 무리를 해서 부자연스럽게 진행시키는 것은 오래가지 못한다.

분수에 넘치는 성공을
원하기 때문에 지친다

상대방의 '만(慢)'에 비위를 맞추는 행위는 어째서 이토록 흔할까? 아마도 '만(慢)'을 이용해 분수에 넘치는 것을 손에 넣거나 분수에 넘치는 성공을 하고 싶다고 생각하는 사람들이 많기 때문일 것이다.

우리는 분수에 넘치는 돈을 원하고, 분수에 넘치는 성공을 꿈꾸고, 분수에 넘치는 멋진 연인을 사귀고 싶어, 무리를 해서라도 현실의 자신을 무시하려고 한다. 그런 목표를 위해서라면 상대의 '만(慢)'에 비위를 맞추고, 마음에 없는 말을 하는 것도 사양하지 않는다. 하지만 분수에 넘치는 성공, 명예, 권력, 연인을 손에 넣는다 해서 진정으로 행복해질 수는 없다. 무리해서 손에 넣은 것을 유지하기 위해서는 계속 무리를 할 수밖에 없고, 결국에는 그 자체가 지나친 스트레스를 주기 때문이다.

거듭 말하지만 무리하고 부자연스러운 것은 오래가지 못한다. 이런 상태에서는 평상심을 유지하며 평온한 행복을 느끼기 어렵다. 현대는 '과도한 성공'이 너무 흔한 세상이다. 서점에도 크게 성공한 사람들의 자서전이나 처세술을 담은 책이 넘쳐나고, TV에선 유명 인사들의 화려한 생활이 자주 비춰진다. 과거에도 '입신출세'가 중요시되긴 했지만, 요즈음은 인터넷과 같은 미디어의 발달 때문에 성공한 사람들에 대한 정보가 너무 많이 퍼져 많은 사람들의 마음속에 더더욱 '성공에 대한 동경'을 새겨 넣는 것 같다. 이런 동경은 분수에 넘치는 성공을 손에 넣는 것이 행복이라는 믿음과도 통한다. 또 그런 성공을 위해 무리하는 것이 인간으로서의 위대함이라고 굳게 믿게 한다.

그러나 그런 믿음을 버리고 '만(慢)'에서 벗어나 작은 일부터 성실하게 한다면, 자신에게 어울리는 성공을 이룰 수 있다. 그럼에도 많은 사람들이 자신의 능력으로 닿기 힘든 것을 손에 넣으려 하기 때문에 생각대로 되지 않아 고통을 겪는다.

인간관계에서도 주위 사람의 '만(慢)'에 비위를 맞추는 무리한 관계가 아니라, 진정한 신뢰를 기반으로 하는 제대로 된 관계를 맺으며 살아야 한다. 비록 이전의 무분별한 인간관계보다는 소수라 할지라도 그것이 진정한 재산이고, 그에 어울리는 성공을 불러올 것이다. 이런 성공은 늘 편안한 마음에서 비롯된 '평상심의 행복'이라고 할 수 있다.

제2장에서 지금까지 살펴본 주된 내용은 조건 없이 사랑 받고 싶다는 지배욕, 즉 '만(慢)'을 추구하면 사랑 받기는커녕 오히려 외로워진다는 사실이었다. 왜냐하면 자기 생각대로 되지 않아 무력감을 느끼고, 그런 감정으로부터 도망치기 위해 화를 내고, 그 결과 고통을 받기 때문이다.

인간관계에서는 상대를 지배하고 싶은 '만(慢)'을 뿌리부터 잘라 내야만 평상심을 기반으로 한 마음의 평안을 얻을 수 있다. 인간관계에 지쳤을 때나 화가 나 평상심을 잃었을 때에는 지배욕을 버리고 지배를 포기하는 것만으로도 다시 평상심을 회복할 수 있다. 상대를 지배하려 들지 않고 있는 그대로 받아들이는 것이야말로 평상심을 가지고 인간관계를 이어가는 가장 중요한 요령이다.

제2장 왜 누군가를 싫어하게 되는가?
일, 친구, 가족과 잘 지내는 법

지배욕을 깨닫는다
'조건 없이 사랑 받고 싶다'는 욕구가 채워지지 않아 괴로워한다.

상대를 그대로 받아들인다
상대를 바꾸려고 생각하는 지배욕을 버리면 편해진다.

회사(일)의 불합리함은 포기하고 받아들인다
그것도 월급 받고 하는 일의 일부라고 생각한다

: 제3장 :

희로애락에 대해
석가는 어떻게 가르치는가?

불교식 감정 통제법

희로애락은 좋은 것일까, 나쁜 것일까

　제3장에서는 얼핏 평상심과는 정반대처럼 보이는 '희로애락'에 대해 생각해 보겠다. 가끔 "희로애락에 대해 석가는 어떻게 가르쳤는지요? 좋은 것인지요, 나쁜 것인지요?"라는 질문을 받을 때가 있다. 한마디로 답하자면 희로애락 자체는 좋은 것도 나쁜 것도 아니다. 그 이유를 알아보기 위해 우선 희로애락이라는 네 가지 상태에 대해 다시 한 번 생각해 보자.
　'기쁨'과 '즐거움'은 플러스적인 감정이다. '기쁨'은 기뻐서 크게 흥분한 상태이다. '즐거움'은 '기쁨'보다는 흥분이 가라앉은 편안한 상태이다. '기쁨'이 동적인 흥분이라면 '즐거움'은 더욱 느긋한 정적인 쾌적함이라고 할 수 있는데, 어쨌든 이 둘은 기분 좋은 '유쾌함'

을 나타낸다.

한편 '분노'와 '슬픔'은 마이너스적인 감정이다. '분노'는 싫다는 느낌에 화내고 거절하는 상태이다. '슬픔'은 화를 내진 않지만 어떤 일을 받아들이고 싶지 않아 거부하는 심리이다. 따라서 크게 볼 때 둘 모두 '불쾌'한 상태이다.

유쾌함 – 기쁨, 즐거움
불쾌함 – 분노, 슬픔

기쁨이 생겨서 흥분을 하면 뇌에서는 '도파민'이라는 신경 전달 물질이 대량으로 분비된다. 뇌는 매우 복잡한 기관이기 때문에 한 가지 신경 전달 물질만으로 단순화시켜 설명하는 것은 무리이지만, 감정 조절에 가장 중요한 물질이 도파민이므로 이를 기준으로 희로애락에 대한 우리 몸의 반응을 살펴볼까 한다.

우선, 도파민이 어떤 상황에서 분비되는지부터 알아보자. 물질적인 차원에서 사람이나 동물이나 비슷한 생명체이다. 쾌감을 느끼는 과정도 기본적으로 비슷한 점이 많다. 사람을 비롯한 동물은 생존과 관계된 문제에 특히 민감한데, 오래 살아남는 데 도움이 된다고 느끼면 기뻐한다. 예를 들어 자칼은 사냥감인 토끼를 발견했을 때 뇌에서 도파민이 분비돼 기쁨을 느낀다.

도파민의 분비는 3단계로 진행된다. 자칼의 경우 1단계는 사냥감을 발견하고 '원한다'고 생각하는 단계이다. 2단계는 사냥감을 손에 넣으려고 실제로 행동하는 때를 말한다. 마지막 3단계는 마침내 사냥감을 손에 넣는 순간이다. 이때 도파민이 대량으로 분비되어 기쁨을 느끼게 된다.

생명체가 오래 살아남으려면, 자신의 생존에 도움이 되고, 더욱 마음에 드는 것을 향해 나가야 한다. 도파민은 그런 행위를 재촉하는 촉매 역할을 한다. 반대로 생존에 불쾌한 상황에 부딪히면, 뇌에서 '노르아드레날린'이라는 신경 전달 물질이 분비된다. 그러면 기분이 나빠지고, 화를 내고 회피하게 된다.

예를 들어 닭장 앞에 들개가 나타나면 닭의 뇌에서는 노르아드레날린이 자동으로 분비되는 조건반사가 일어난다. 그러면 심장박동이 증가하고 매우 불쾌한 상태가 된다. 그 결과 닭들은 미친 듯이 날뛰며 요란하게 울게 된다. 튼튼한 닭장이 막아주기 때문에 안전할지도 모른다. 하지만 닭들은 그것까지 헤아릴 수 없기 때문에 아주 고통스러운 상태가 되는 것이다.

이런 식으로 사람은 이로운 것에는 도파민을 분비하고, 불리한 것에는 노르아드레날린을 분비해 '유쾌 혹은 불쾌'를 느끼며 반응하는 시스템 속에서 살아간다.

'유쾌 혹은 불쾌'를 느끼는 시스템만으로 잘 살아가기는 어렵다

•
•

'유쾌 혹은 불쾌'를 느끼게 만드는 '도파민 혹은 노르아드레날린' 시스템에 대해 좀 더 생각해 보자. 인간은 좋은 일과 나쁜 일에 대해 자신의 의지와 상관없이 자동적으로 분비되는 도파민이나 노르아드레날린에 의해 행동하며 생존을 유지하려 한다.

그런데 인간이 이와 같은 시스템에만 의지해 좋아하는 것은 다가가 손에 넣고, 위험한 것은 멀리 피하며 이상적으로 살아갈 수 있을까? 유감이지만 우리 삶은 그렇게 이론적으로 풀어갈 수 있는 게 아니다. 오히려 이런 무의식 수준에서 자동적으로 일어나는 반응들만 따르다 보면 문제가 생기는 경우가 많다.

그렇다면 동물의 경우에는 이 시스템만 따르면 잘 살아갈 수 있지 않을까? 개처럼 사회성을 가진 동물의 경우에는 그렇지만도 않다. 예를 들어 고향에 있는 우리 집에서는 늘 개를 서너 마리 키운다. 그런데 암컷 두 마리가 언제나 아버지의 무릎을 먼저 차지하려고 계속 다툰다. 대부분 한 놈이 아버지의 무릎에 올라가면, 나머지 한 놈은 주변을 맴돌며 계속 으르렁거린다.

사실 아버지의 무릎에 올라가지 못했다고 직접적으로 생존의 위협을 받을 일은 없다. 그럼에도 자신을 제치고 무릎에 올라간 놈에게 혹시나 먹이를 빼앗길까 불안을 느끼고, 결국 불쾌감의 표시인 으르렁거림으로 이어진다. 그런데 이런 행동이 과연 생명 유지에 도움이 될까? 아니다. 오히려 해로울 수도 있다. 계속 으르렁거리다가 주인의 노여움을 사서 한 방 걷어차일 수도 있기 때문이다. 먹이나 주인의 귀여움을 독차지하려 으르렁거렸지만, 돌아오는 것은 정반대의 결과인 셈이다.

같은 일은 사람에게도 일어난다. 형제자매가 부모의 애정을 쟁취하기 위해 싸우는 일은 어느 집에서나 흔한 일이다. 부모의 애정을 더 많이 받을수록 자신의 생존에 더욱 유리한 것은 사실이다. 그래서 조금이라도 불공평한 취급을 받는다고 느껴지면 투정을 하고 반항을 하기도 한다. 하지만 이런 질투 어린 행동들이 부모의 사랑을 얻도록 도와주는 경우는 거의 없다. 반대로 욕심이 많은 아이 혹은 말 안 듣는 아이라고 야단이나 맞지 않으면 다행이다. 부모와 더 가까워지고 싶어 투정을 했는데, 오히려 감정이 상해 사이가 더 나빠지는 것이다.

강아지나 아이나 자신의 생존이 위협 받을까 싶어 불쾌감을 느끼고 화를 냈는데, 오히려 더 괴로운 상태로 떨어지게 되었다. 즉, '유쾌 혹은 불쾌'를 느끼는 시스템에 무의식적으로 휘둘리며 살다 보면, 어려운 일이 많이 생긴다고 보아야 한다.

마음에 새겨진 '아무래도 못할 것 같아'라는 생각이 삶을 힘들게 한다

동물이나 아이만이 아니라 어른도 '유쾌 혹은 불쾌'를 느끼는 시스템에 휘둘리면 여러 가지 불합리한 경험을 하게 된다. 자신의 생존에 유리한 것은 좋아하고, 불리한 것은 싫어하는 시스템은 사람을 질투 속으로 몰아넣기 쉽기 때문이다.

예를 들어 프로야구 선수는 전도유망한 신인 선수를 보면 자신의 생존에 위협을 느끼고 잠재적으로 분노하게 된다. 연예인이라면 시청률이 높은 동료를 자신의 출연 기회를 빼앗는 존재로 여겨 질투를 하게 된다. 회사원의 경우에도 우수한 신입 사원이 부서의 후배로 들어오면, 무의식적으로 자신의 생존이 위협당한다고 느끼게 돼 질투를 하는 경우가 있다.

그런데 질투는 고통스러운 감정이기에, 그것에 지배당하는 순간부터 오히려 자신이 해야 할 일을 소홀히 하게 되는 경우가 많다. 그렇게 되면 '유쾌 혹은 불쾌'를 느끼는 시스템은 생존에 유리해지도록 도와주는 게 아니라, 오히려 불리하게 작용한다.

질투 외에도 무의식적으로 불쾌감을 느껴 움츠러들게 만드는 또 한 가지 문제가 있다. 바로 마음 깊이 새겨진 '아무래도 못할 것 같아'라는 부정적인 생각이다. 예를 들어 어떤 일에 실패를 하거나 동료들 앞에서 상사에게 혼났을 경우, 불쾌감을 느끼는 신경회로가 활성화된다. 그러면 화가 나게 되고 그 상황으로부터 도망치고 싶어진다. 문제는 이런 일이 반복되면 '아무래도 못할 것 같아'라는 생각이 마음에 새겨져, 비슷한 상황에 처할 때마다 더더욱 잘할 수 없게 된다.

물론 그런 상황에서 도망칠 수만 있다면 괜찮지 않을까 하고 생각할 수도 있다. 하지만 도망치기만 해서는 사회인으로서의 역할을 제대로 해낼 수가 없다.

또 좋아하는 일인데도 이전의 실패가 마음에 상처로 남은 탓에 '아무래도 못할 것 같아'라는 생각에 사로잡혀 이내 포기하고 마는 경우도 자주 있다.

예를 들어 노래를 좋아하는 한 남자가 동료들과 노래방에 갔는데, 생각지도 못한 곳에서 음정이 틀려 모두들 웃고 말았다(당사자는 자신이 비웃음거리가 되었다고 생각했다). 그 뒤부터 남자는 여전히 노래를 좋아하면서도 사람들 앞에서 노래 부르는 것만큼은 하고 싶지 않게 되었다. 음정이 틀릴까봐 가슴이 두근거리며 불안해졌기 때문이다. 그렇게 되면 또다시 사람들이 자신을 경멸하게 될까봐 걱정이 됐던 것이다. 아직 일어나지도 않은 일에 신경을 쓰면서 불쾌한 감정을 느끼게 된 것이다.

또 다른 예를 들자면, 동네 야구에서 실수를 했을 때에도 비슷한 경험을 하기 쉽다. 실수를 해서 같은 팀 친구들로부터 냉담한 시선을 받게 되면, 그 다음부터는 평범한 공도 제대로 못 치는 경우가 많다. 프로야구 선수처럼 날마다 직업으로 경기를 하는 사람들이라 해도 이런 실수에 대해서는 초연하기 어렵다. 마음이 흐트러져 '아무래도 못할 것 같아'라는 생각에 사로잡히면 수비나 공격이 나빠져 슬럼프에 빠지는 경우가 많다.

이렇게 불쾌감을 경험한 뒤에 움츠러드는 것도 '유쾌 혹은 불쾌'를 느끼고 조건반사적으로 대응하는 시스템의 일종이다. 이 시스템에 휘둘리면 오히려 사는 것이 괴로워질 수도 있다는 것을 다시 한 번 알 수 있다.

화를 내며 업을 쌓으면
반드시 그 대가를 치른다

•

어떤 일에 실패해 흥분하며 '싫어, 안 돼!'라고 거부할 때 우리의 뇌에선 노르아드레날린이 분비되고, 이를 전달하는 신경회로가 활성화된다. 문제는 다음에도 비슷한 상황에 처할 때마다 같은 반응이 일어난다. 내 의지와는 상관없이 노르아드레날린이 조건반사적으로 분비되어 '으악, 괴로운 일이군. 피해, 도망쳐'라는 지령을 신경에 내리는 것이다.

게다가 비슷한 상황이 벌어지지 않아도 비슷한 정보를 보거나 들은 것만으로도 심리적인 불안이나 공포가 닥치는 경우도 있다. 그런 정보에 접하자마자 노르아드레날린이 자동적으로 활성화되어 몸과 마음이 괴로운 상황에 빠지게 되는 것이다.

예를 들어 부장에게 심한 질책을 당한 직원은 그 뒤부터 멀리서 부장의 얼굴을 보는 것만으로도 가슴이 두근거리고 불쾌한 기분에 점령당한다. 이처럼 실패를 한 뒤 그와 비슷한 상황을 싫어하게 되거나, 또는 무언가를 슬프게 여겨 그런 상황을 받아들이고 싶지 않아 하는 것은 모두 거절하고 싶은 감정이라고 할 수 있다. 이는 '화를 낸다'와 같은 뜻이다.

어떤 형태이든지 한번 '화를 내는' 업을 쌓으면 반드시 대가를 치르게 된다. 화를 낸다는 것은 그 후 같은 상황이나 비슷한 정보를 접했을 때, 마이너스적인 정신 상태에 빠져 신체에도 부담이 되는 반응을 보이게 된다는 의미이다. 따라서 '화를 내는' 것은 무척 두려운 일이며, 불교에서는 엄하게 경계하는 일이다.

자신의 신경 구조를 파악해야 한다

•

 노르아드레날린이 조건반사적으로 분비되는 시스템에 몸과 마음이 지배당하지 않기 위해서는 어떻게 하면 될까? 물론 가장 좋은 것은 '애초에 화를 내지 않는' 것이다. 하지만 이는 너무 어려운 일이다. 순간적으로 '싫어, 받아들이고 싶지 않아'라고 생각하는 일은 누구에게나 생긴다. 따라서 마음이 분노를 느끼고 평정을 잃어버리면, 일단은 그대로 받아들이고 느긋한 마음으로 평정을 되찾는 것이 중요하다.

 노르아드레날린 시스템이 작동하면 '아무래도 못할 것 같아' 혹은 '싫어'라고 생각하며 위험으로부터 도망치게 된다. 물론 이런 과정이 생존에 도움이 되는 경우도 많은 게 사실이다. 예를 들어

화약 냄새를 맡고 불쾌해져서 재빨리 폭발의 위험을 느끼고 도망쳐 생존에 도움이 될 때도 있다(실제로는 불쾌함을 느끼고 초조하게 도망치는 것보다 평정을 유지하며 도망치는 쪽이 더욱 안전하지만).

하지만 노르아드레날린 시스템이 활성화되는 바람에 오히려 위태로워지는 경우도 있다. 예를 들어 물에 빠진 경우이다. 당신이 해안에서 20미터 떨어진 수심이 꽤 깊은 바다에서 조난을 당했다고 상상해 보라. 평소 당신은 실내 수영장에서 25미터 정도는 거뜬히 헤엄칠 수 있는 실력을 가지고 있었다. 하지만 바다에서 조난을 당하면 순간적으로 당황해 생명의 위협을 느낀다. 그 결과 노르아드레날린 시스템이 작동하기 시작한다. 자기도 모르게 흥분 상태에 빠져 근육이 경직되면서 경련을 일으키고 버둥거리게 된다. 깊은 바다에서 구명보트도 없이 물에 빠졌다는 상황을 받아들이고 싶지 않다는 생각에 분노와 공포를 느끼게 된다. 충분히 헤엄쳐 해변으로 나올 수 있다는 생각은 조금도 하지 못한 채 버둥거리다 결국에는 물속으로 점점 가라앉아 버리고 만다. 이미 자신의 의사대로 몸을 움직일 수 없는 조작 불능의 상태가 되었기 때문이다.

노르아드레날린 시스템은 이처럼 엉성하고 불완전하다. 이 시스템 덕분에 목숨을 구하는 경우도 있지만, 오히려 이 때문에 죽는 경우도 있다. 물론 종의 보존이라는 관점에서 보면 일정 수의 생명만 확보되면 문제가 없기 때문에 그 정도로 엉성해도 상관없다는 생각이 들 때도 있다.

애초에 화를 내지 않는 게 가장 좋겠지만, 그것이 불가능하다는 것은 이미 앞에서 언급했다. 그렇다면 노르아드레날린 시스템이 작동해 그 결과가 마이너스 쪽으로 움직이는 경우에는 어떻게 대처하면 좋을까?

가장 중요한 것은 자신이 화를 내고 있다는 사실에 대한 깨달음이다. 이는 1장에서 다룬 '마음을 관찰하고 감시하는 방법'을 통해서 가능하다. 분노의 대상을 확실하게 알 수는 없지만 왠지 불안하고 싫은 생각이 들면 '노르아드레날린 시스템의 명령으로 지금 내 기분이 엉망이구나!' 하고 인식하는 것이다.

이 일은 새가 하늘을 날며 아래를 내려다보듯 내 몸의 신경 시스템 전체를 조감하는 과정이라고 할 수 있다. 또 자신의 몸과 마음에서 일어나는 변화를 인식하고 받아들이는 과정이기도 하다. 앞서 예로 든 물에 빠진 상황에서도 '아, 신경이 무너지고 있어. 내 마음이 이 상태를 거부하면서 크게 흥분하고 있어. 분노에 휘둘리고 있는 거야'라고 인식할 수만 있다면, 몸을 의지대로 조작할 수 있게 된다. 위험을 위험으로 인식하는 데서 그치고, 흥분과 감정적인 고통으로 치닫는 과정은 건너뛸 수 있게 된다. 그 결과 냉정하게 침착함을 되찾아 눈앞의 상황에 제대로 대처할 수 있다.

실제로 위험한 상황에 처했을 때, 침착하게 대처할 수 있는지

없는지는 전적으로 평소의 마음 훈련에 달려 있다. 분노, 싫어하는 마음과 불안을 방치해, 명령대로 휘둘리지 않게 늘 경계해야 한다. 날마다 그런 명령을 받으며 세뇌당하는 마음의 상태를 확실히 인식하는 연습을 하는 것이 중요하다.

우리 마음은 불쾌한 상태에 처하면 자기도 모르게 막연한 '불안'에 휩쓸리기 쉽다. 과거에 내게도 그런 경험이 자주 있었다. 갑자기 따분해졌을 때, 뭔지 모르지만 '왠지 불안해서' 이러지도 저러지도 못해 괴로워할 때가 종종 있었다. 과거에 특정한 사람이나 상황에 대해 불쾌했던 것이 마음에 새겨져 있으면, 종종 특정한 대상이 없어도 그런 불쾌감이 반복되는 것이다. 그럴 때는 막연한 불안감을 느끼게 된다. 그러나 불쾌감을 마음에 새기지 않으면, 불안에 빠질 일도 사라진다.

불쾌함을 느끼는 신경 시스템은 아직 일어나지 않는 일을 미리 파악해 위험을 알아차리게 도와주기도 한다. 혹은 불안을 느끼게 만드는 명확한 대상이 있는 경우에는 '두려움'으로 발전한다. 동물의 경우에는 두려움을 느끼면서 조심하면 생존 확률이 높아지기 때문에 이런 시스템은 필수적이다. 사람도 생물학적으로 동물과 기본 시스템이 같기 때문에 이런 시스템을 활용하게 된다.

따라서 이유도 모르고 불안해지거나, 위험이 발생하지 않았는데도 미리 두려움을 안고 고통을 겪게 될 때에는 '신경 시스템이 작동해서 불안을 느끼고 있는 거야'라고 인식하는 게 중요하다. 이렇게 자신의 상황을 제대로 깨닫는 것만으로도 고통은 많이 누그러질 수 있다. 또는 '과거에 일어난 일이 다시 일어날까봐 미리 두려움을 느끼고 있는 거야. 그때 거부한 상황을 다시 거부하라고 신경 시스템이 명령하고 있는 거야'라고 인식하면, 자신의 현실을 더욱더 정확히 표현할 수 있다. 이처럼 불안이 발생하는 심리 구조를 제대로 아는 것만으로도 고통은 누그러지고, 차분함을 되찾을 수 있다. 따라서 평소에 '자기 마음을 인식'하는 연습이 필요하다.

요컨대 화를 낸다거나 불안해진다거나 슬퍼한다거나 두려워하는 것은 '지금의 나에게 자연스러운 일'이라고 받아들이며, 언제나 평상심으로 되돌아오려고 노력해야 한다. 그렇다고 '절대 화내지 마'라고 정색하는 것이 평상심이란 뜻은 아니다. 그렇게 잔뜩 힘이 들어간 자세가 아니라, 분노하고 두려워하는 자신을 일단 부드럽게 받아들이는 게 중요하다. 그러고 나서 마음의 흔들림을 가라앉힐 수 있는 유연성을 기르면, 그 속에서 평상심도 생기는 법이다.

도파민 시스템은 효과적인가?

　지금까지 불쾌함과 분노를 느끼고 반응하게 만드는 신경 시스템(노르아드레날린)에 대해 살펴보았다. 그 결과 이 시스템이 무조건 작동하도록 내버려 두면 손해 볼 일이 많다는 것을 알게 되었다. 그렇다면 유쾌함을 느끼고 반응하게 만드는 도파민과 관련된 신경 시스템에 따라서 살아간다면 어떨까?

　도파민은 '무엇을 원한다'고 느낄 때, 예를 들어 의욕, 학습 등에 관계되어 분비되기 때문에 긍정적으로 여겨지는 경우가 많다. 그래서 도파민이 분비되는 상황을 만들어 학습 효과를 높이자는 주장도 있고, 이와 관련된 연구를 하는 뇌신경 과학자도 있다.

　도파민이라는 것은 일이 잘되어 사람들에게 칭찬 받거나, 호감을 얻을 때처럼 유쾌한 순간에 분비된다. 도파민이 분비되면 '쾌락'을 느끼고 몰입할 수 있게 된다. 하지만 이 쾌락에 맛을 들여서 쾌락을 반복해서 느끼고 싶다는 '욕망'이 커지면 중독에 이를 수도 있다.

도파민이 분비되고 반응하는 시스템에 따라 살아가면 '유쾌한' 상태가 계속되니 아무런 문제가 없을 것이라고 생각할지도 모른다. 예를 들어 일을 잘해 상사로부터 칭찬을 받으면 마음이 즐거워지고 더욱 칭찬 받기 위해 더 열심히 몰입하게 되니 말이다. 도파민의 아주 긍정적인 효과이다.

그러나 도파민이 항상 긍정적인 역할을 하는 것은 아니다. 왜냐하면 '쾌락'은 너무나 익숙해지기 쉬운 감정이기 때문이다. 일을 잘해 상사에게 칭찬 받아서 기쁨을 느꼈다고 치자. 그런데 그다음에 똑같은 칭찬을 받으면 똑같은 기쁨을 느끼게 될까? 아니다. 이미 익숙해진 자극이라 예전과 같은 만족을 느끼지 못하게 된다. 일종의 불감증이다. 그 결과 어느덧 마음속에서는 더욱 강한 칭찬을 원하게 된다. 예전과 같은 칭찬을 들어도 당시처럼 기분이 좋아지지 않기 때문에 오히려 스트레스가 될 뿐이다. 즉 칭찬을 더 받고 싶어 괴롭거나 외롭다는 느낌을 받게 된다. 유쾌하고 만족한 상태를 원했는데 결과적으로는 불쾌하고 불만족스러운 상태가 되고 마는 것이다.

인간관계를 맺을 때에도 '유쾌함=도파민'을 원하면 원할수록 불만족, 외로움, 결핍감은 필연적으로 증가한다. 왜냐하면 상대가 주는 그 어떤 기쁨에 대해서도 결국에는 '익숙'해지게 되고, 점점 더 큰 만족을 원하기 때문이다. 하지만 인간관계가 지속될수록 상대는 오히려 나를 편하게 생각하게 되고, 오히려 기쁨을 주기 위해 '상냥하게' 배려하는 게 예전 같지 않을 수밖에 없다.

예를 들어 한 청년이 오랜 실연 상태에서 방황하다 새로운 여자 친구를 사귀게 되었다. 어느 날 여자 친구가 손수 요리를 만들어 주었다. 청년이 '옛날 여자 친구는 이런 적이 없었는데 맛있는 요리도 직접 해 주고. 정말 감동이군!' 하고 흥분하는 동안 뇌에서는 도파민이 대량으로 분비된다. 하지만 그 후로 여자 친구가 몇 번 더 요리를 해 주면 어느새 '익숙함'이 생겨 처음과 같은 기쁨을 다시 느끼기 어렵다. 오히려 마음속에서는 그때의 기쁨을 다시 느낄 수 있게 여자 친구가 '좀 더 상냥하게 대해 주었으면…' 하는 불만을 품게 된다.

한편 여자 친구는 처음 사귈 때에는 남자에게 호감을 얻고 싶어 최선을 다해 요리를 했을 것이다. 하지만 언제나 그럴 수는 없다. 바쁘다 보면 간단한 요리를 만들 수도 있고, 기분이 안 좋을 땐 상냥하기는커녕 퉁명스럽게 대할 수도 있다. 이처럼 처음에는 큰 기쁨이 되었던 쾌락에 어느새 익숙해져 기쁨이 줄어드는데다가, 여자 친구의 상냥함도 줄어드니 오히려 불쾌함을 느끼는 지경에 이르게 된다.

직장에서도 이와 비슷한 상황을 볼 수 있다. 신입 사원은 처음에는 상사나 선배들로부터 상냥한 대접을 받는다. 하지만 점점 자상한 지도는 줄어들고, 처음에는 선배가 도와준 것도 스스로 해야 하는 경우가 많아진다. 아무리 자신의 성장을 위해 필요한 과정이기는 하지만, 처음에 기쁨을 주던 것이 사라지면 외로움과 불쾌한 감정을 느끼게 된다.

이처럼 인간관계의 상냥함은 보통 서로를 처음 알아가기 시작할 때가 가장 크다. 그리고 친해지면서 점점 줄어든다. 설사 최초의 상냥함을 그대로 유지하는 사람이 있다고 해도, 상대방의 마음에는 반드시 익숙함이 생기기 때문에 같은 수준의 만족을 얻을 수 없다. 그런데 대부분은 오히려 상냥함이 줄어들기 때문에 만족은커녕 쓸데없는 고통까지 느끼게 된다.

즉, 도파민이 분비되는 조건반사를 통해 '기쁨'을 얻는 시스템은 '부족하다' '외롭다' '괴롭다'는 느낌으로 연결되기 쉽다. 도파민이 분비되고 전달되는 신경회로는 '손에 넣고 싶은' 욕구와 관련이 깊다. 따라서 손에 넣고 싶어도 그럴 수 없을 때에는 '결핍감'으로 괴롭다. 하지만 손에 넣었다고 생각해도 처음과 같은 수준의 만족감을 얻기가 힘들기 때문에 점점 더 괴로워질 수밖에 없다.

도파민 회로는 특성상 '조금 더' 새로운 자극을 찾아 폭주하게 되어 있다. 그래야만 비슷한 수준의 만족감을 얻을 수 있기 때문이다. 따라서 도파민 시스템에 기대 쾌락을 얻으려는 사람은 덫에 걸리는 것과도 같다. 행복해지기는커녕 불만족과 괴로움이 넘치는 인생의 대양에 빠지게 되고 만다.

현대인은 쾌락을 좇지만,
괴로움만 얻는다

　현대는 쾌락 긍정의 시대다. 기분을 좋게 만드는 모든 것들이 긍정적으로 인식된다. 하지만 쾌락을 좇다가 도파민의 덫에 걸려 오히려 괴로움의 나락으로 떨어지는 사람이 한둘이 아니다.
　전형적인 예로 니코틴 중독을 일으키는 흡연을 꼽을 수 있다. 흡연자가 담배를 피우면 니코틴 수용체가 채워서 일시적인 쾌락을 맛보게 된다. 그러나 시간이 지나면 체내의 니코틴 농도가 줄어들어 고통스러운 상태가 된다. 이때 담배를 다시 피우면 고통으로부터 해방되어 순간적인 쾌락을 얻게 된다.
　과연 이런 일이 반복되는 생활이 유쾌하다고 할 수 있을까? 담배를 통해 얻는 쾌락은 사실 니코틴 부족이라는 '불쾌함'을 전제로 얻어지는 것에 지나지 않는다. 담배로 인해 생긴 '불쾌함'을 다시 담배로 제거하며 '쾌락'을 느낀다는 사실은 아이러니하다. 그리고 곰곰이 따져보면 오히려 담배를 피우는 사이에 '불쾌함'을 느끼는 시간이 더 길다는 것을 알 수 있다.

이런 상황에 대해 알렌 카가 쓴 『스탑 스모킹』에서는 '흡연자는 담배의 노예'라고 가르치고 있다. 담배에 중독된 사람에게는 모든 일이 담배 한 개비를 피우고 나서 그 다음 담배를 피울 때까지, 그 사이에 잠깐 동안 벌어지는 사건에 불과하다. 마음이 온통 담배 맛을 즐기는 데 가 있기 때문에 어떤 일도 제대로 맛볼 수도 즐길 수도 없다. 예를 들어 맛있는 요리를 먹으면서도 마음 한구석에선 식사 후 담배를 피우겠다는 열망이 들끓는다. 그러니 요리의 맛을 제대로 알기 어렵다.

특정한 쾌락에 대한 중독도 흡연 중독과 비슷하다. 점점 더 자극적인 쾌락을 원하며, 쾌락 추구를 멈추지 못하는 사람은 이미 쾌락의 노예가 되어 있다고 보면 된다. 어떤 일을 하더라도 마음은 쾌락을 얻는 길에 쏠려 있는데, 대부분 원하는 만큼 쾌락을 얻지 못해 불만족스러운 상태로 지내기 때문이다.

예를 들어 술을 끊지 못하는 사람도 그렇다. 가끔씩 기분 좋게 마시는 술은 괜찮지만, 괴로운 일에서 벗어나고 싶다거나 싫은 일을 잊고 싶어 마시는 술은 매우 위험하다. '받아들이고 싶지 않다'

는 분노를 술의 힘을 빌려 떨치고자 하지만, 취해 있을 때의 일순간만 가능할 뿐이다. 근본적인 해결은 불가능하다. 술이 깨고 나면 잊고 싶었던 일이나 감정은 여전히 그대로라는 것을 깨닫게 된다. 술을 이용해 도망치려고 했다는 사실에 자기혐오만 더해질 뿐이다.

술을 마시며 쾌락을 즐기는 동안 지연되었던 괴로움은 다시 시작된다. 그러면 괴로움을 잊기 위해 다시 술을 찾고, 알코올 중독은 점점 깊어진다. 결국 괴로움을 잊기 위해 마시는 술이 마음과 몸을 점점 더 괴롭히는 상황이 되는 것이다.

알코올 중독 정도로 심각한 병은 아니라 해도, 괴로움으로부터 도망치기 위해 중독성 있는 쾌락에 빠져 자신을 괴롭히는 사람이 무척 많다. 그런 예로 '폭식'이 있는데, 마음이 불안해지거나 스트레스를 받으면 폭식을 하는 것이 있다. 이것은 미각을 자극하는 쾌락을 통해 좋지 않은 기분을 잊으려는 행위이다.

음식을 먹으면 뇌는 왜 쾌락을 느낄까? 인류는 역사상 아주 오랫동안 기아 상태로 살아왔다. 그래서 유전자 구조 깊숙한 곳에 조금이라도 더 많은 음식을 먹으려는 욕구가 새겨져 있다. 특히 생존에 필요한 열량을 쉽게 얻을 수 있는 고칼로리의 지표가 되는 지방, 당, 단백질이 혀에 닿으면, 도파민이 분비돼 더 큰 쾌락을 느끼도록 설계되어 있다. 이런 음식을 먹으면 자동적으로 '좀 더,

좀 더 먹자!'라고 뇌에서 명령을 내리는 것이다.

 음식을 구하기 어려운 시절이었다면 이런 욕구는 생존에 큰 도움이 되었을지도 모른다. 하지만 오늘날의 일본과 같이 먹을 게 넘쳐나는 사회에서는 욕망대로 고지방, 고당질의 음식을 먹어 쾌락을 느끼는 것은 위험한 일이다. 비만이나 당뇨병 같은 각종 성인병을 얻는 지름길이기 때문이다. 즉, 도가 지나친 생존 욕구가 오히려 생존을 위협하는 결과를 낳는 것이다.

 먹는 것으로 얻을 수 있는 쾌락은 강력하다. 그래서 스트레스가 많은 사람은 식욕의 덫에 걸리기가 쉽다. 하지만 스트레스를 잊기 위해 먹다 보면 결국 괴로워서 더 먹지 못하고 토할 때까지 폭식을 하게 된다. 처음에는 먹는 '쾌락'으로, 마지막에는 너무 많이 먹어 '괴로운' 자극으로 현실의 스트레스를 잊는 꼴이 되고 만다. 자신이 싫어하는 것으로부터 눈을 돌리기 위해 다른 쾌락이나 고통을 추구하는 행위라고 할 수 있다.

 이렇게 보면, 무언가로부터 도망치려는 행위와 연결된 쾌락은 위험하다는 것을 알 수 있다. 하지만 괴로운 것으로부터 도망칠 때에는 그 괴로움을 잊기 위해 더욱 강한 자극과 쾌락을 원하기 때문에 쾌락과 도피가 연결되는 것은 필연적인 과정이기도 하다.

 현대인에게 쾌락을 주는 것은 술, 담배 외에도 개그 프로그램, 영화, 음악, 게임 등 수많은 것이 있다. 물론 이 모든 것을 일절 접하지 않고 일이나 공부만 하면서 살 수는 없다. 다만 쾌락을 주는 것은 무엇이든 도파민 중독을 일으킬 위험이 있다는 것을 깨닫고, 그 덫에 걸리지 않도록 늘 주의하며 마음을 바로 잡아야 한다.

'좋아한다'고 뇌는 착각하고 있다

'기쁨'이란 감각은 생존에 도움이 되는 쾌감을 바탕으로 좋다고 느끼는 경우와 관련되어 있다. 하지만 우리가 '좋다'고 생각해 뇌 속에서 도파민을 분비하는 구조는 좀 엉성하다. 생존에 도움이 되지 않는 경우에도 도파민은 얼마든지 분비돼 좋다고 느끼게 만들 수 있기 때문이다.

직접적인 예는 아니지만 이와 관련 있는 간질병 환자의 이야기를 잠깐 해볼까 한다. 간질병 환자를 치료하기 위해 우뇌와 좌뇌를 이어주는 뇌량(腦梁)이라는 신경 다발을 절단하는 경우가 있는데, 이런 경우 좌뇌와 우뇌의 기능을 확인할 수 있는 여러 실험이 가능하다.

이런 실험들을 응용해 다음과 같은 상황을 가정해 볼까 한다. 환자의 오른쪽 눈에는 보이지 않고 왼쪽 눈에만 보이는 위치에 '멋진 인형'이라고 쓰인 카드를 놓아둔다. 이미 알려진 대로 좌뇌는 우리 몸의 오른쪽 부분을 담당하고, 우뇌는 왼쪽 부분을 담당한다. 따라서 피험자의 왼쪽 시야를 통해 들어온 정보는 우뇌에 이미지로 인식된다. 하지만 누군가가 "무엇이라고 씌어 있나요?"라고 묻는다면, 당연히 대답할 수 없다. 우뇌에서 이미지로 인식한 정보를 좌뇌로 보내 언어로 표현해야 하는데, 좌뇌와 우뇌를 연결해주는 뇌량이 절단되어 있기 때문이다.

하지만 피험자의 눈앞에 인형, 만화책, 라디오를 늘어놓으면 무의식적으로 인형을 잡게 될 것이다. 만일 "왜 인형을 골랐나요?"라고 물어보면 다음과 같이 대답할지도 모른다.

"글쎄요. 이 인형의 머리카락이 진짜 같아요. 정말 잘 만들었네요. 호감이 갔어요."

관찰사가 보기엔 피험자가 이미 카드에 적힌 '멋진 인형'이란 말을 읽은 뒤라, 무의식적으로 영향을 받아 그러는 것으로 보일 수도 있다. 그러나 피험자 본인으로서는 상상도 못할 이유이다. 하지만 사람의 마음이란 자신이 모른다는 것을 인정하고 싶지 않은 건방진 성향이 있다. 그래서 억지로 이유를 갖다 붙이고 있는 것이다. 물론 여기에서 중요한 것은 대부분 자신의 마음이 만들어낸 거짓말을 사실이라고 착각한다는 점이다.

　우리들이 '~이기 때문에 좋다'고 생각하는 것들 대부분은 마음이 사실을 제대로 보지 못한 상태에서 생기는 감정일 경우가 많다. 즉, 가려진 사실 위에 마음이 덧붙여서 만들어낸 거짓말을 믿으면서 생겨난 감정일지도 모른다.

　흔히 우리는 '사랑에 빠진다'고 말한다. 이 말 역시 이유를 모르는 상태에서 갑자기 좋아하게 되었다는 의미가 숨겨져 있다. 하지만 대부분은 우월한 후손을 낳기 위해 유전자 정보가 다른 상대방에게 끌리는 경우라고 할 수 있다. 생물학적으로 유전자 정보가 다른 남녀 사이에서 건강하고 똑똑한 자손이 태어난다는 것은 널리 알려진 사실이다. 즉 무의식적으로 냄새와 같은 복잡한 정보에 조종당하고 있는 것이 우리들의 현실이다.

　그럼에도 불구하고 우리들의 마음은 '성격이 좋다' '눈이 예쁘다' '패션 스타일이 딱 내 취향이다' 같은 억지 이유를 만들어 자신을 납득시키고는 한다. 스스로 납득할 만한 이유가 없으면 참을 수 없기 때문이다. 하지만 실제로는 나 자신의 생각과는 아무 상관없이 '좋다'는 감정은 잠재의식 차원에서 자동적으로 분비되는 도파민에 대한 반응으로 생겨나는 것이다. 왜냐하면 뇌 속에서 도파민과 같은 물질이 분비되는 것은 나 자신이 조절할 수 있는 부분이 아니기 때문이다.

이렇게 진짜 이유를 모른 채 스스로 만들어낸 이유를 사실이라고 믿게 되는(신앙!) 정도가 심해지면, '어떻게 해서든 놓치고 싶지 않아'라고 생각하며 집착하고 의존하게 된다. 따라서 '자신'과는 전혀 상관없이 무의식적인 쾌감 자극에 조종당하는 것뿐이라는 사실만 깨달아도 맹목적인 착각은 깨지고 의존에서 벗어날 수 있다. 즉 '스스로' 좋아하게 된 것이 아니라, 무의식적인 자극의 조종으로 좋아하게 되었다는 사실을 깨달아야 한다. 그렇게 되면 '나'의 착각에서 벗어나 '무아(無我)'의 차원에서 이루어지는 진리를 조금이나마 이해할 수 있게 된다. '내가' 주도적으로 한다는 감각이 약해지면, 내가 맹목적으로 좋아하는 것들로부터 떨어져 나와 평상심을 유지하기가 훨씬 쉬워진다.

사람은 기억의 저주를 받는다

　유쾌함과 불쾌함을 느끼는 시스템은 기억과 밀접한 관련이 있다. 맛있는 음식을 처음 먹어보고 그 맛에 놀라는 경험을 할 때가 있다. 예를 들어 신선하고 새콤달콤한 딸기를 처음 먹어보고 "이렇게 맛있는 과일도 있었군!" 하고 감동할 수 있다. 또 멋진 레스토랑에서 양배추 요리를 먹고는 혀를 자극하는 맛에 감동을 받아 "양배추가 이렇게 맛있는 것이었다니!" 하고 놀랄 수도 있다. 놀라움이 크면 클수록 유쾌한 경험에 대한 기억이 뇌에 깊게 새겨지게 되고, 다시 그 맛을 보면서 쾌락을 느끼고 싶다고 갈망하게 된다.

　하지만 이것은 꽤 슬픈 바람이다. 엄밀한 의미로 두 번 다시 똑같은 강도로 똑같은 쾌락을 '반복'해서 느끼기란 불가능하기 때문이다. 최초의 충격을 기억하는 만큼 '익숙함'이 생겨서 두 번째, 세 번째 맛은 최초의 90%, 80%로 줄어들 수밖에 없다. 때문에 '지난번에는 이것보다 더 맛있었는데' 혹은 '좀 더 맛있는 게 있을 거야'라고 생각하며, 눈앞의 요리에 만족하지 못한다. 그렇게 더욱더 큰 쾌락을 찾아 나선다. 맛있어서 감동했던 '과거의 기억'이라는 저주를 받아 눈앞의 요리를 제대로 맛보지 못하는 경우라고 할 수 있겠다.

유쾌한 기억만이 아니라, 불쾌한 기억의 저주에 사로잡히는 경우도 많다. 아주 괴롭게 느껴졌던 기억은 뇌에 깊이 새겨지기 때문에 그것을 되새기게 하는 일을 접하기만 해도 괴로워지는 것이다.

예를 들어 혹독한 배신을 당한 뒤 친구와 절교한 사람이 있다. 그때의 불쾌한 감정은 마음 깊이 새겨지게 된다. 그렇게 한 번 깊이 새겨지는 것만으로도 모든 준비는 완료된다. 그 후엔 친구가 좋아했던 책이나 요리 같은 것을 보는 것만으로도 괴로운 기억이 떠올라 안절부절못하거나 불쾌해진다. 또는 친구와의 추억을 떠올릴 수 있는 비슷한 곳에 가는 것만으로 괴로워진다. 친구와 닮은 얼굴을 보거나 목소리를 듣는 것만으로도 진저리를 치기도 한다.

이런 것들은 모두 불쾌한 기억의 저주를 받아 일어나는 일이다. 말하자면 불쾌한 정보가 뇌에 새겨져 '세뇌' 당한 상태라고 할 수 있다. 이 상황이 아주 심각해지면 트라우마(외상 후 정신적 장애) 상태가 되어버린다.

  유쾌함과 불쾌함을 느끼는 시스템은 우리를 강력하게 지배한다. 그리고 이 시스템에 의한 경험이 반복되고 축적되면 그에 대한 기억의 저주를 받게 된다. 희로애락 중에서 '희로(애)'에 대해 자세히 살펴보면 그런 고통으로 가득 찬 인간의 모습이 드러난다.

'락(樂)'은 마음이 편안한 것이다

'희로애락' 중에서 마지막으로 남은 '락(樂)'에 대해 생각해 보겠다. '락(樂)'이란 긴장이 누그러져 편안한 상태를 말한다. 소박하게 '아, 편하다 편해'라고 표현할 수 있는 상황이다.

뇌신경 과학자의 의견에 따르면, 편하고 즐거운 상태에서 느끼는 여러 감각은 기억으로 축적되지 않고 사라진다. '기쁨'이나 '분노'와 같은 강렬한 자극과 함께 새겨진 게 아니기 때문에 기억의 저주에 걸리지도 않는다.

다만 한마디 덧붙이고 싶은 것은 표면상으로는 '잊혀져' 기억의 저주에 걸리지 않는 일들도, 무의식 차원의 기억에서까지 완전히 잊히는 것은 아니라는 사실이다. 명상이론에 따르면, 우리의 복잡한 정보처리 시스템은 인생을 통해 경험한 모든 정보를 기억의 도서관 깊숙한 곳에 저장해 둔다. 예를 들어 냄새를 맡거나 몸으로 느낀 아주 사소한 감각과 관련된 경험들까지도 모두 기억한다. 인생을 살아오면서 머릿속을 스쳐간 생각들도 당연히 빠짐없이 저장된다. 우리의 무의식 속에는 방대한 기억의 데이터베이스가 있다고 보면 된다. 따라서 '잊혀진' 일들도 연상시킬 수 있는 계기만 있다면, 언제라도 기억의 수면 위로 떠오를 수 있다.

'락(樂) – 즐거움'의 상태에서 느낀 것은 잊어버리기 쉽다고 한다. 하지만 이것은 '희(喜) – 기쁨'이나 '노(怒) – 분노'의 경험과 같이 계속 반복되어 떠오르는 형태로 기억되지 않는다는 의미일 뿐이다. 완전히 잊힌다는 뜻은 결코 아니다. 이런 식으로 무의식에 축적되는 방대한 기억을 불교에서는 '업(카르마)'이라 한다.

'락(樂)'의 상태에서 느끼고 생각한 것은 잊기 쉽다. 이미 말했듯이 반복적으로 기억의 표면에 떠오르지 않기 때문에 기억의 저주에 걸리지도 않는다. 그렇다면 이런 즐거운 상태는 언제 찾아오는 것일까? 아무것도 하지 않고 편안하게 쉴 때만 가능한 것일까? 꼭 그렇지만은 않다. 예를 들어 달리기를 좋아하는 사람은 열심히 달려 마음이 편안하게 이완될 때 '락(樂)'의 상태에 있다고 해석할 수 있다.

'락(樂)'은 얽매이지 않는 것이다

'락(樂)'의 상태에는 여러 경우가 있지만, 공통점은 모두 거리낌이 없고 얽매이지 않는다는 것이다. 너무 좋아해서 집착하며 달려드는 상태, 너무 싫어해서 도망치는 상태와는 분명히 다르다.

아프다든가 춥다든가 더울 때, 혹은 직장에서 동료와 다투었을 때 우리는 불쾌함을 느낀다. 그러면 불쾌한 상태를 피하기 위한 행동을 하라는 명령이 뇌에서 자동적으로 내려진다. 불쾌함을 느끼는 원인은 과거에 보거나 듣거나 접했을 때 '나쁜 것'이라고 느꼈던 기억 때문이다. 이처럼 '유쾌 혹은 불쾌'와 관련된 기억이 활성화될 때, 뇌 속에서는 '편도체'라는 기관이 왕성하게 활동한다.

만일 불쾌한 상태를 피하라는 행동 명령이 내려졌는데도 불구하고 자동적으로 반응하지 않는다면 어떻게 될까?

그러기 위해선 우선, 현재 자신이 명령 받고 있다는 사실을 깨달아야 한다. 그리고 불쾌한 상태를 피하는 행동을 일부러 취하지 않으려고 노력해야 한다. 이런 노력이 반복되면, 회피 행동을 취하지 않고 그대로 머무는 일에 익숙해진다. '뭐, 지금 이대로도 괜찮아'라고 생각하게 된다. 그리고 이때 뇌에서는 '세로토닌'이라는 신경 전달 물질이 분비된다. 세로토닌은 마음을 차분하고 편안하게 만드는 역할을 한다. 지금까지 밝혀진 바에 따르면, 세로토닌이 분비되면 '유쾌 혹은 불쾌'와 관련된 기억을 떠올리는 편도체의 활동이 억제된다고 한다. 즉 과거의 기억에 얽매이지 않고 '상관없어'라고 말할 수 있게 해 준다는 것이다. 과거의 기억으로부터 자유로워지는 상태라고도 할 수 있다.

이런 상태가 되면 어느 정도의 아픔, 추위, 더위, 소음 같은 것들은 크게 불쾌하게 느껴지지 않는다. '뭐, 지금 이대로도 괜찮아'라고 상황을 받아들이고 담담하게 지켜볼 수 있다. 특별히 회피 행동을 취하지 않아도 불쾌한 느낌은 줄어든다. 그리고 유쾌하거나 불쾌한 자극을 기억에 깊이 새겨 몇 번이나 다시 떠올리게 만드는 편도체의 노예가 되지 않게 막아준다. 불쾌한 기억을 다시 떠올려 지나치게 움츠러들거나, 유쾌한 기억을 다시 떠올리며 자꾸만 반복하고 싶은 욕망에 휘둘리지 않아도 된다는 뜻이다. 즉 '세뇌'에서 풀려나 옛 기억들을 잊고 새로운 기억을 만들 수 있게 된다.

편도체의 기능이 억제되면 '예전엔 더 맛있었는데'라고 과거의 기억에 얽매여 과거의 맛을 다시 느끼려 집착하지 않아도 된다. 혹은 '내가 아는 그 녀석과 비슷한 분위기야. 싫어, 피하고 싶어'라고 과거 감정에 발목을 잡히는 일에서도 벗어날 수 있다. 과거의 기억에서 벗어나 '지금'을 순수하게 맛볼 수 있기 때문이다.

따라서 과거에 지배당하지 않고 새로운 '지금'을 향해 마음을 열고 나아가기 위해서라도 편도체 기능을 억제하는 '락(樂)'이 중요하다. 거꾸로 말해 지금 눈앞의 순간에 마음을 집중해 각성 상태에 이르면, 과거의 기억이 활성화될 여지가 없어져 매우 즐거운 '락(樂)'의 상태가 된다.

과거의 기억을 참조하는 게 억제되면, 마음이 현재의 일에 충분히 자극을 받아 강해진다. 그래서 '오늘은 덥지만 별로 상관없어' '옆집이 시끄럽지만 오늘은 그다지 신경 쓰이지 않아'라고 담담하게 생각할 수 있게 된다.

그런데 왜 현재의 일에 충분히 자극을 받으면 마음이 강해지는 것일까? 바깥 세계의 정보에 얽매이지 않는 자립성이 커지기 때문이다. 이런 자립성이야말로 평상심의 중요한 포인트이다.

현재의 불쾌한 상황이 주는 자극을 과거의 기억에서 벗어나 있는 그대로 받아들여 보라. 그만큼 마음은 담담하고 강해진다. 과거의 쾌락을 되새기며 다시 그것을 맛보도록 요구하는 욕망이 생기면 '뭐, 지금 이대로도 괜찮아' 하면서 잠시 그대로 내버려 둬라. 마음이 차분히 가라앉으면서 즐거운 기분이 될 것이다. 뇌 속에서 세로토닌이 분비되어 심리적으로 편안하면서도 정신적으로 깨어 있게 해 주기 때문이다.

만일 '저 옷이 너무 갖고 싶어'라든가 '지금 당장 하와이에 가고 싶어'라는 욕망이 생겼을 때 '뭐, 지금 이대로도 괜찮아' 하면서 잠시 욕망을 내버려 두지 않으면 어떻게 될까? 즉 욕망이 시키는 대로 곧바로 행동하게 되면 어떤 결과를 얻게 될까? 더 큰 쾌감을 얻기 위해 욕망도 점점 커져가는 악순환의 회로에 스위치가 켜지게 된다. 이후로는 '더 원해'라는 고통이 계속되는 업을 짊어지게 된다.

일본의 경제력이 갈수록 쇠퇴하고 있다고 한다. 하지만 불과 몇 십 년 전, 전쟁이 끝났을 때와 비교해 보면 일본은 여전히 아주 풍족하다. 엔화 가치가 높아 청년들도 쉽게 해외여행을 할 수 있고, 원하는 옷이나 음식도 아주 비싸지만 않으면 대부분 구할 수 있다. 돈을 빌리기도 쉽고, 질 좋은 상품도 흔하게 쓸 수 있다.

그러나 그만큼 더 행복해졌다고 할 수 있을까? 요즈음에는 욕망이 생기고 나서 달성될 때까지 걸리는 시간 동안 '기다리며, 잊는' 과정이 없다. 그런 과정을 거치는 동안 욕망이 흐려지면서 마음은 편안하게 가라앉게 되는데, 그럴 여유가 없으니 마음은 늘 새로운 욕망으로 들끓을 뿐이다. 지금까지 수차례 강조했듯이, 유쾌함과 불쾌함을 느끼는 시스템이 점점 더 강력해지면서 즐거운 상태로 지내기가 점점 더 어려워지고 있다.

과정 즐기기가 해결책이다

2차 세계 대전 후 허리띠를 졸라매고 지내던 어려운 시절엔, 좋은 양복을 사거나 해외여행을 가는 게 쉽지가 않았다. 일단 필요한 돈을 모을 때까지 열심히 일하면서 다른 곳에 돈을 쓰지 않고 참는 '과정'이 필요했다. 당시는 무엇이든 원하면 당장 손에 넣거나 할 수 있는 여건이 아니었다.

그래서 '기다리는' 시간이나 '포기하는' 시간을 보내면서, 편안한 상태가 되면 자연스럽게 세로토닌의 분비가 높아져 욕망을 버리고 평상심을 되찾는 쪽으로 나아갈 수 있었다. 결과적으로 당시에는 유쾌함과 불쾌함을 느끼는 시스템이 강화되는 경우가 적어, 과정을 즐기는 것이 가능했기 때문에 평상심을 유지하기가 쉬웠다.

즐거운 상태에서 평상심을 유지하려면, 과정 자체를 즐기는 게 유효한 방법 중 하나이다.

요리의 경우만 해도 현대인들은 인스턴트 라면을 즐겨 먹는다. 배가 고프면 편의점에 가서 몇 분 안에 라면을 먹을 수 있다. 하지만 그런 식으로 음식을 먹고 나면 쾌락을 추구하는 시스템이 더욱 확실해질 뿐이다.

배가 고프다 ⇨ 곧바로 먹는다 ⇨ 쾌감이 생긴다 ⇨ 쾌감이 사라진다 ⇨ 무언가 부족하다 ⇨ 먹을 때 새겨졌던 쾌락의 기억을 떠올린다 ⇨ 반복하고 싶다

심지어 요리책 선전들도 어떻게 하면 간단하고 빨리 맛있는 요리를 할 수 있는가를 강조한다. 그래서인지 '그를 위해 5분 만에 맛있게 요리하는 법'과 비슷한 문구가 아주 흔하다. 이렇게 사람들이 욕망의 추구를 위해 지름길로 달려가도록 부추기는 게 자본주의 사회이다. 이 사회에서는 가장 적은 투자로 가장 큰 이익을 내야 하기 때문에 '지름길'이라면 무조건 대환영이다.

하지만 평상심을 유지하고 싶은 사람이라면, 지름길을 버리고 억지로라도 먼 길을 돌아가는 과정 그 자체를 즐길 필요가 있다. 요리를 할 때에도 제대로 절차를 밟아서 하는 것이 좋다. 물론 항상 손이 많이 가는 요리를 억지로 만들 필요는 없다. 주말에 여유

가 있을 때, 시간을 내서 느긋하게 요리를 하는 과정을 즐기는 것이다. 수고로움 자체를 즐기는 자세를 조금씩 익혀갈 필요가 있다.

최근에는 집에서 직접 키우는 텃밭이나 주말에 찾아가는 가족농장이 인기인데, 이것도 과정을 즐겨보고 싶다는 의식의 표현일 것이다. 식물을 키우려면 씨를 뿌리고, 물과 비료를 주고, 잡초를 뽑아야 한다. 또 벌레에 대한 대책도 세워야 한다. 물론 옛날에는 이런 재배 과정을 즐길 여유가 없었다. 수확의 결과에 따라 생사가 갈리는 엄격한 작업이었다. 수확이 적으면 굶어죽을 수도 있었기 때문이다. 아마도 이런 엄격한 과정을 거쳐서 손에 넣은 농작물은 맛도 더욱 좋았을 것이다.

옛날 농부들의 엄격함까지 느끼는 것은 불가능하다 해도 그들처럼 정성 들여 농작물을 키우며 과정을 즐기는 것은 지금도 가능하다. 편의점에서 먹는 주먹밥과 모종부터 키워 수확한 쌀로 짓는 주먹밥 중에서 어느 쪽이 더 입맛을 사로잡겠는가? 당연히 정성이 들어간 쪽이 훨씬 맛있을 것이다. 게다가 정성을 쏟는 과정에서 느끼는 즐거움은 평상심을 강화시켜 지나친 '기쁨'이나 '분노'를 향해 폭주하는 시스템을 막아준다.

살뜰하게 챙겨주는 남성을 좋아하는 여성은 왜 불행해지는가?

●
●

　디지털 기기의 발달 덕분에 시간과 장소를 가리지 않는 커뮤니케이션의 지름길이 생겼다. 디지털 기기는 편지, 전보, 전화, 삐삐, 휴대전화, 이메일 순으로 진화해왔다. 특히 요즘 젊은 사람들은 커뮤니케이션 수단으로 이메일을 많이 이용한다.
　요즘 일본의 중고등학교 학생들 사이에서는 '5분 룰'이라는 규칙이 유행이라고 한다. 메일이 오면 5분 이내에 답장을 써야 한다는 암묵적으로 정한 룰이다. 만일 그렇게 하지 않으면 상대방을 소중한 친구로 여기지 않는다는 의미라고 한다.
　그렇다면 시간과 공간을 지름길로 가로지를 수 있는 이메일의 등장이 커뮤니케이션을 더욱 깊어지게 하고, 이메일을 주고받는 사람들의 정신 상태를 더욱 안정되게 했을까? 전혀 그렇지 않다. 현실은 완전히 반대로 작용하고 있다. 오히려 유쾌함과 불쾌함을 느끼고, 그런 감정에 점점 더 심하게 지배당하는 과정이 강화되고 있을 뿐이다.

이메일을 보내서 5분 이내에 답변이 오면, 상대가 그만큼 나를 소중하게 여긴다는 생각에 처음에는 기쁠 것이다. 하지만 익숙해지면 5분 이내에 답이 와도 그다지 기뻐하지 않게 된다. 점점 더 '당연한 일상'이 되기 때문이다. 그럼에도 여전히 동일한 기쁨을 얻으려면, 더 많은 자극을 주는 새로운 이메일이 필요해진다. 예를 들어 '마음이 더 많이 깃든', '이모티콘을 적절하게 사용한 재미있는' '내가 보내지 않아도, 상대가 먼저 보내주는' 이메일처럼 말이다.

이렇게 쾌락을 느끼는 기준이 올라가면 올라갈수록, 기준이 채워지지 않을 때의 불쾌지수도 따라서 올라간다. 이메일을 자주 주고받을수록 만족하기는커녕, 더 외로워지고 무언가 부족한 느낌이 들 뿐이다.

최근에는 이메일이나 문자 메시지 말고도 블로그, 트위터, 페이스북 등 실시간으로 여러 사람과 연결되는 도구가 등장해 더욱더 우리의 '평상심'을 무너뜨리고 있다. 그런 커뮤니케이션 도구에 혼잣말처럼 적은 글을 다른 사람들이 읽고서 댓글을 달아준다. 이때 느끼는 기쁨이 크면 클수록, 어느 날 댓글이 거의 달리지 않았을 때 느끼는 괴로움도 크다.

옛날보다 현대는 훨씬 더 많은 말들로 가득 차 있다. 특히 이메일이나 트위터 등을 이용해 짧은 문장으로 의사소통하는 기술은 예전과는 비교가 안 될 정도로 발전했다. 커뮤니케이션의 양도 엄청나게 늘어났다. 그럼에도 왜 현대인들은 훨씬 더 외로워하는 것일까? 바로 디지털 기기를 이용해 즉각적으로 이루어지는 지름길 커뮤니케이션이 증가하고 있기 때문이다. 커뮤니케이션은 양적으로 증가해도 진정한 소통은 이루어지지 않으니, 오히려 더 외롭고 더 괴로운 것이다.

이쯤에서 자본주의라는 시스템이 얼마나 교묘하고 무서운 것인지를 새삼 느낄 수 있다. 자본주의는 사람이 유쾌함과 불쾌함을 느끼게 만드는 장치를 자극하고 강화시켜 의존증이 생기게 만든다. 즉 자극을 주는 상품이나 서비스로부터 도망칠 수 없도록 '세뇌'시켜 수익을 올린다. 다시 말해 자사의 상품이나 서비스에 대한 의존증 환자를 만들어 계속 사용하는 횟수를 늘려 경영을 안정시키고, 더 큰 성장을 도모한다. 이것이 자본주의의 분명한 본질 중 하나이다.

현대인들은 자본주의의 물적 풍요로움과 편리함을 누리며 살고 있다. 하지만 이곳저곳에 교묘히 숨어 있는 의존증의 덫을 깨달아야 한다. 한번 그 덫에 걸리면 채워지지 않는 욕망으로 괴로움에 빠지기 때문이다. 특히 디지털 커뮤니케이션 도구를 사용해 누군가와 연결되어 있다고 해도 외로움이 근본적으로 해결되지 않는다는 사실을 깨달아야 한다. 오히려 점점 더 커지는 기대와 욕망으로 인해 더 큰 고통을 겪게 될 확률이 높다.

옛날부터 많은 여성들은 살뜰하게 챙겨주는 남성을 좋아한다. 하지만 살뜰함에 지나치게 기대다 보면 문제가 생긴다. 상대가 점점 더 챙겨주고 연락도 자주하기를 기대하다 보면, 그만큼 실망할 일도 많기 때문이다. 상대가 웬만큼 살뜰함을 보여주어도 내성이 생겨 기쁘지 않다. 오히려 자신의 기대에 못 미친다는 욕구 불만으로 고통이 늘어날 뿐이다. 차라리 손으로 쓴 편지를 주고받을 때처럼 적당한 간격을 두고 연락하는 게 평상심을 유지하며, 행복하게 지낼 수 있는 방법이다.

커뮤니케이션의 지름길을 이용하지 않고, 손으로 편지를 쓰는 수고를 들이고, 편지를 기다리는 과정을 즐기는 자세를 한번 가져보라. 뇌 속에서 세로토닌이 분비되면서 즐거움을 느끼게 된다. 이것이야말로 편안한 상태에서 평상심을 유지하며 행복을 손에 넣는 지름길이다.

어떤 경우든 지름길로 달려가면 달려갈수록

'욕망 → 쾌락 → 익숙함 → 불만족 → 더 큰 욕망'
이라는 악순환의 고리에 빠지기 쉽다.

그만큼 눈앞의 상황을 있는 그대로 받아들이거나 내버려 두기가 어려워진다. 당장 욕망하는 것을 손에 넣지 않으면 참지 못하는 현상이 점점 더 심해진다.

따라서 지름길로 달려가게 만드는 편리한 도구로부터 적당히 거리를 두는 것만으로도 큰 도움을 받을 수 있다. 욕망의 악순환에서 빠져나오면 그만큼 마음이 편해지고, 평상심을 유지하며 편안하게 보낼 수 있는 시간이 늘어날 것이다.

나는 현재 휴대전화조차 사용하지 않는다. 집에는 인터넷도 설치하지 않았다. 요즈음 같은 시대에는 휴대전화가 없으면 아예 일을 할 수 없는 사람도 많지만, 나 같은 경우엔 별로 곤란하지 않다. 생각해 보면 20년 전만 해도 휴대전화가 없어도 모든 일이 제대로 돌아갔다. 그런데 이제는 휴대전화 없이 살 수가 없다니, 그게 더 이상한 일이지 싶다.

놀라움은 마음에 독이다

•
•

앞에서 이미 '지금 이대로도 괜찮아' 혹은 '그렇구나'라고 눈앞의 현실을 담담하게 받아들이라고 강조한 바 있다. 이 말은 눈앞의 현상에 놀랄 것인가, 아니면 놀라지 않을 것인가를 선택하는 문제와 관련돼 있다. 무언가 아주 기쁜 일이나 즐거운 일이 있을 때, 반대로 아주 불쾌한 일이 있을 때, 우리는 평상심을 잃고 놀라게 된다. 그런데 그렇게 되면 그때의 감정이 기억에 강하게 달라붙는다.

누구나 과거에 크게 놀랐던 경험은 오랜 시간이 지나도 선명하게 기억이 된다. 즉 정보를 받아들일 때 충격이 클수록 정보는 기억 속에 강하게 새겨진다. 그리고 강하게 새겨진 기억은 그 후 비슷한 상황이 되면 마음의 표면에 떠올라 감정을 지배한다. 기억의 저주가 되풀이되는 것이다.

따라서 일상생활에서도 가능하면 평상심을 유지하겠다고 생각하며 크게 놀라는 일이 없도록 마음을 다스려야 한다. '뭐, 어쩔 수 없네. 그런 거니까'라고 받아들일 수 있다면 놀랄 일도 없게 되고, 기억에 강하게 새겨지지도 않는다. 그러면 신경도 안정되어 세로토닌이 분비되는 '즐겁고 편안한' 상태가 된다. 바로 평상심이 유지되는 것이다.

받아들이는 수준을 높인다

이제부터 눈앞의 현실을 있는 그대로 받아들이는 수준을 높여보자. 예를 들어 아픔을 느낄 때, 아픔 그 자체 속으로 의식을 들여보내 '아프긴 하지만, 지금 이대로도 괜찮아'라고 받아들이면 아프고 괴로운 느낌이 한순간 사라질 수 있다.

명상을 할 때 책상다리를 하고 오래 앉아 있으면 다리가 무척 아프다. 그때 아픔 속으로 의식을 들여보내 그대로 받아들이면, 어느새 아픈 느낌과 마음이 일체화되어 편안한 느낌을 얻을 수 있다.

이런 의도적인 마음의 조작 과정은 심리적으로 '안락감'을 느끼게 한다. 그리고 심리적으로 안정이 되면, 뇌에서는 마음을 안정시키고 진통 작용을 하는 신경 전달 물질이 다량으로 방출된다. 바로 이런 물질의 효과 때문에 아픔을 느끼지 않게 되는 것이라고 볼 수 있다.

괴롭고 싫다는 생각 자체에 의식을 밀착시키고, 그 속으로 뛰어들어 보라. 그 상황을 완전히 받아들일 수 있게 되면 싫다는 거부감이 사라진다. 추위를 싫어하는 사람이라면 추운 상황에 놓였을 때 거기서 벗어나겠다는 생각을 단념하고, 추위를 받아들여 그 속으로 의식을 던져라. 의외로 덜 춥게 느껴질 것이다. 보통 추위를 너무 싫어하는 사람은 과거에 추위를 싫어하게 된 계기를 경험했기 때문이다. 그런 경험에 대한 기억의 저주를 받아 조금만 추운 느낌이 들어도 싫은 것이다. 하지만 현재의 추위에 집중해 '지금 이 순간'의 온도를 그대로 느끼고 즐기면 기억의 네트워크가 일시적으로 단절된다. 그리고 '나는 추운 것을 너무 싫어해'라고 스스로에게 거는 저주의 주문도 사라진다.

처음에는 잠시 잠깐 동안만 싫다는 생각이 그칠 뿐이다. 그러나 명상 수행을 하면 생각이 사라지는 시간이 점점 길어지는 것을 느낄 수 있다. 명상 수행은 기억의 저주, 즉 과거라는 업(카르마)으로부터 해방되는 연습이다. 그에 대해선 제5장에서 자세히 다루겠다.

걷기 명상에선
발의 감각에 의식을 집중한다

　지금까지 '즐겁고 편안한' 상태에 이르는 데 도움이 되는 두 가지 방법을 알아봤다. 하나는 눈앞의 상황을 있는 그대로 받아들이며 '뭐, 이대로도 괜찮아' 하고 인정하는 것이었다. 나머지 하나는 상황을 인정하는 수준에서 한 걸음 더 나아가 고통이나 슬픔을 피하려 하지 말고 느낌 속으로 '뛰어드는' 것이었다.

　지금부터 소개하려는 세 번째 방법은 '특별한 목적 없는 단순한 행동에 의식을 집중'하는 것이다. 대표적으로 '걷는' 행위를 들 수 있다. 사람들은 보통은 어딘가로 가려는 '목적'을 가지고 길을 걷는다. 그런데 이 목적이라는 것에는 우리의 마음을 긴장시키고 가두는 성질이 있다. 목적의식은 마음을 긴장시키고, 목적을 달성하면 긴장이 풀리면서 쾌감을 느끼게 한다. 편안함이나 침착함, 즉 평상심을 파괴하기 쉬운 조건이다. 따라서 편안함이나 침착함과 관련된 신경이 활성화되는 즐거운 상태를 만들려면 목적 없이 걸어야 한다.

TV 드라마 등에서 자주 볼 수 있는 장면 중 하나가 아내가 출산하고 있는 방 앞에서 남편이 불안한 표정으로 왔다 갔다 하는 것이다. 아내의 출산이 아니더라도 중요한 사람이 힘든 수술을 받을 때 가족이나 친구들이 수술실 앞 복도를 무작정 오가는 광경을 종종 볼 수 있다.

이것은 걱정이나 불안한 기분을 누그러뜨리기 위해 자기도 모르게 같은 장소를 아무런 목적도 없이 왔다 갔다 하는 행동이다. 이런 단순한 행동의 반복은 편안함을 느끼게 하는 신경회로를 활성화시킨다. 따라서 수술실 앞 복도를 무작정 왔다 갔다 하는 사람들은 무의식적으로 마음을 진정시키려 하고 있는 것이다.

이런 목적 없이 걷는 행동은 어느 정도 불안한 기분이나 긴장을 완화시키는 데 효과적이다. 하지만 마음이 불안에 심각하게 점령당한 상태라면, 걷는 것만으로는 문제가 해결되지는 않는다.

불교에서는 마음을 다스리기 위해, 걷고 있는 동안 '발의 감각'에 의식을 집중한다. 아무런 목적 없이 불안이나 걱정에 마음을 점령당하지 않은 채, 그저 걷고 있는 '지금, 이 순간의' 발의 감각에만 집중하는데, 이를 '경행(經行)'이라 한다. 흔히 걷기 명상이라 부르는 이 수행법은 장소에 구애받지 않고 실천할 수 있다. 걷는 장소는 어디여도 상관없다. 험한 야산이라도 경행을 할 수 있고, 회사의 좁은 회의실을 오가는 것만으로도 경행이 될 수 있다. 동물원에서 우리 안을 배회하는 곰과 호랑이처럼 회의실 끝에서 끝까지 몇 번이고 왕복해서 걸어도 좋다. 이것도 훌륭한 경행이다. 실제로 이런 행동을 계속하게 되면 마음이 편안하고 침착한 상태가 되어 평상심을 유지하는 데 도움이 된다.

좌선에서
'호흡'에 의식을 집중하는 이유

좌선 명상을 할 때는 '호흡'에 의식을 집중한다. 왜 굳이 '호흡'에 집중할까? 호흡이야말로 '무의식적으로' 행하는 대표적인 행동이기 때문이다. 물론 호흡은 무의미한 행위가 아니다. 생명을 유지하기 위해 산소를 들이마시고 이산화탄소를 내뱉는 생존에 필수적인 행위다. 하지만 평소에 '내 생명을 살리기 위해서 세내로 산소를 들이마시자'라든가 '이산화탄소를 내뱉자'라고 목적의식을 가지고 숨을 쉬는 기특한 사람은 없다. 즉 평상시에 호흡은 거의 무의식적으로 이루어진다.

목적이 없는 행위이자, 살아 있는 한 무의식적으로 계속 반복되는 호흡이라는 행위에 의식을 집중해 보자. 무언가를 손에 넣고 싶다든가, 어딘가에 도달하고 싶다든가, 어떤 지위나 명성을 얻고 싶다는 생각을 모두 버리고 그저 호흡에 집중하는 것이다. '평상심을 손에 넣고 싶다'는 생각 자체도 목적의식이기에 버린다. 코로 들어온 공기의 느낌, 그에 따라서 부풀어 오르는 가슴이나 코끝, 그리고 이어서 코를 빠져나가는 공기를 그저 있는 그대로 느끼는 것이다.

애써 심호흡이나 복식호흡을 할 필요 없다. 평소처럼 자연스럽게 하면 된다. 아무런 목적도 없는 행위인 호흡에 의식을 밀착시킴으로써 '즐거운' 상태를 누리는 것이다. 즉 편안함이나 행복감을 느끼게 해 주는 신경 전달 물질의 분비량이 자연스럽게 높아지는 순간을 즐기면 된다. 실제로 좌선을 하면 '마음이 편안해지는 즐거운' 느낌에 스위치가 켜지는 것을 느낄 수 있다.

이런 즐거운 상태를 만드는 세로토닌 분비를 촉진시키는 효과가 바로 불교 수행의 실용적인 '부산물'이다. 실제로 수행을 하면 심신이 편안해지는 것을 실감할 수 있다. 불교가 2,500년이 넘는 오랜 세월 동안 계속 사랑을 받은 이유 중의 하나가 바로 마음을 다스려 편안함을 누리는 효과 때문일 것이다. 만일 즐거움은 전혀 없이 어려운 수행만 해야 한다면, 누가 이 길을 걷겠는가.

마음을 단련해
'락(樂)'을 얻을 수 있다

누구나 마음을 단련하면 '락(樂)'의 상태에 이를 수 있다. 신경과학적인 측면에서 말하자면, 세로토닌을 분비하는 신경회로를 활성화시키는 방향으로 마음을 단련하면 된다.

앞에서도 말했듯이 불쾌함을 담당하는 노르아드레날린이 지나치게 계속 분비되면 '아무래도 못할 것 같아' 혹은 '싫어'라는 생각이 든다. 마음이 불안해지고 우울해지게 하는 부정적인 면이 강하다. 쾌락을 느끼게 만드는 도파민 역시 지나치게 분비되면 내성이 생기는 것은 마찬가지다. 어지간한 자극에는 마음이 무뎌지고, 결국 예전의 쾌락을 다시 느끼기 위해 점점 더 강한 자극을 추구하다 중독까지 되는 부정적인 면이 있다.

하지만 세로토닌은 계속 분비량을 늘려도 아무런 부작용이 없다. 오히려 마음이 더욱 안정되는 효과가 있다. 따라서 세로토닌이 계속 분비되어 즐거운 상태를 유지하도록 훈련함으로써, 마음을 단련시키는 것이 가능하다.

이것을 신경과학적으로 좀 더 자세히 설명하면 다음과 같다. 세로토닌에는 '자기수용체'라는 게 있다. 자기수용체는 세로토닌이 분비될 때 분비량을 알려주는 기능을 한다. 즉 '이 정도 분비되면 충분하니까 슬슬 양을 줄이자'는 판단을 내리는 역할을 한다. 이런 판단에 따라 세로토닌의 분비량이 줄어들면 마음의 상태에도 변화가 생긴다.

하지만 일정 기간 동안 계속 세로토닌이 분비되는 상황을 만들면, 자기수용체의 수가 줄어든다고 한다. 그러면 '세로토닌이 이제 충분히 나오고 있으니까, 분비를 멈추자'라고 반응하지 않게 되는 것이다. 따라서 늘 세로토닌이 분비되는 상태를 유지할 수 있다. 이런 상태를 만들기 위해서 걷기 명상이나 좌선만 효과가 있는 것은 아니다. 마음을 '지금'에 집중할 수 있는 활동을 매일매일 계속하는 것만으로도 큰 도움이 된다.

이처럼 '락(樂)'은 마음을 단련해 얻을 수 있으며, 강화시킬 수도 있다. 그래서 명상 수행을 하는 사람들은 거르지 않고 날마다 수행하는 것을 중요하게 생각한다. 보통은 명상을 통해 마음이 편안하게 이완된 상태가 되면 자기수용체가 작동하기 시작해 세로토닌의 분비를 멈춘다. 그러면 마음은 곧바로 긴장 상태로 돌아간다. 이것은 생물학적인 차원에서 생각해 보면, 꼭 필요한 시스템이다. 때로는 긴장을 풀고 편안해지는 것도 생명 유지에는 필수적이지만, 그것이 너무 지나치면 외부의 위험을 알아차리지 못하고 목숨을 잃을 수도 있기 때문이다. 자기수용체는 이런 현상을 막기 위한 시스템이라고 볼 수 있다.

하지만 걷기 명상이나 좌선을 계속하게 되면, 이런 자기수용체가 점점 줄어든다. 그 결과 '아, 이렇게 편안한 상태가 좋아'라는 느낌으로 어느 정도 즐거운 '락(樂)'의 상태를 계속 유지할 수 있게 된다. 이것은 생명을 유지하려는 자기수용체 프로그램 때문에 의지와는 상관없이 긴장해야 했던 상태에서 벗어나는 것을 의미한다. 동물적인 본능으로서 머릿속에 새겨진 '세뇌'를 풀어내는 것이기도 하다.

무언가를 추구하지 말고, 평정을 유지한다

사람의 마음은 '있는 그대로'의 상태를 유지하기가 힘들다. 처음 만나 잘 모르는 사람에 대해서도 곧바로 '좋은 사람' 혹은 '싫은 사람'이라고 조건반사적으로 평가를 한다. 운동을 할 때 경기에 집중하면서도 '우리 팀이 유리하다' 혹은 '오늘은 불리하다'고 평가하며 마음이 조건반사를 일으킨다. '좋은 사람'에 대해서는 가까이 두고 싶다고 생각하고, '싫은 사람'에 대해선 멀리하고 싶다고 생각한다. 무의식적으로 일어나는 충동 때문에 마음이 동요하기 시작하고, 결국 있는 그대로 상대방을 받아들이는 게 불가능해진다. 상대가 좋으면 기쁘고, 그렇지 않으면 슬프기 때문에 멀리하고 싶어진다. 그렇게 자기 '생각대로' 하고 싶어지면 '있는 그대로'의 자기 마음은 보이지 않게 된다. 어느새 스스로를 평가하는 습관마저 생기게 된다.

문화센터에서 내게 명상 지도를 받는 한 학생이 다음과 같은 편지를 보내왔다.

"무의식적으로 호흡을 통제하려고 드는 내 모습을 깨닫고 괴로웠던 적도 있었습니다. 하지만 명상을 계속할수록 '밀려왔다 밀려가는 파도에 살짝 올라탄 것처럼, 자연스럽게 들이마시고 내쉬는 호흡을 그대로 들여다본다'는 말이 알기 쉬워졌습니다. 그러자 기분도 좋아졌습니다."

의식하지 않는 동안에는 자연스럽게 숨을 들이마시고 내쉬는 호흡이 이루어진다. 하지만 호흡을 의식하는 순간 '이러이러한 방법으로 호흡해야지'라는 생각이 들면서 무의식적인 힘이 작용한다. 이것은 우리가 무엇이든 의식하기 시작하면 얼마나 재빨리 자기도 모르는 사이에 그것을 통제하려 드는지를 잘 보여주는 예이다.

내게 편지를 보낸 학생 같은 경우에는 명상을 통해 이런 사실을 아주 잘 깨닫고 있었다. 자기도 모르는 사이에 무언가를 통제해서 '있는 그대로'의 상태를 흐트러뜨리는 힘이 작동한다는 것을 알아차린 것은 중요한 발견이다.

그처럼 무의식 수준에서 가해지는 압박은 자기도 모르는 사이에 일어난다. 하지만 있는 그대로의 평상심을 파괴하는 이런 힘은 그것을 알아차리기만 해도 약해진다. 명상을 하면서 호흡을 통제하려는 힘을 깨달은 학생도 마찬가지였다. 그 힘을 깨닫는 순간부터 호흡을 통제하려는 긴장감에서 놓여나 숨을 들이마시고 내쉬는 있는 그대로의 흐름에 몸을 맡길 수 있게 되었다. 이렇게 되면, 마음이 저절로 잔잔해지며, 온화한 평상심을 유지하게 된다.

열여덟 살의 젊은 조주선사(중국 당나라 때의 선승)가 스승인 남전선사에게 "도(道)란 무엇입니까?"라고 물었더니 남전선사가 "평상심시도(平常心是道)"라고 답을 했다. 이 말은 일상생활 속에서 늘 변함없는 마음 그대로가 도(道)라는 뜻이다. 이번에는 조주선사가 "그럼 평상심을 목표로 하면 좋겠습니까?"라고 묻자 스승은 "목표로 삼자마자 도(道)를 잃을 것이다"라고 대답했다.

도(道)를 '손에 넣고 싶다'는 욕구를 느끼고 그것을 '깨닫겠다'고 힘을 주자마자 도(道)는 소멸해 버린다는 이야기이다. 그렇다면 도(道)를 찾겠다는 목적을 잊고서 담담하게 평상심을 유지하려 노력하는 수밖에는 없는 셈이다. 어찌 보면 도(道)를 잊고 있었더니 도(道)가 부수적으로 따라오는 꼴이다. 마치 행복에 집착하며 좇아갈수록 참된 행복과는 멀어지는 심리 상태라고 할 수 있다.

영산선사[13~14세기 일본 불교 조동종(曹洞宗)의 선사]는 이런 본질을 꿰뚫어보고 "차가 있으면 차를 마시고, 밥이 있으면 밥을 먹는다"라고 설했다. 중요한 것은 무언가를 '손에 넣거나 도달하려고 욕망'을 품는 것이 아니라, 차를 마시든 밥을 먹든 눈앞의 일을 평상시처럼 무심하게 행하는 데 있다는 뜻이다.

여기에서 '평상시'는 있는 그대로와 같은 의미이다. 평상시에 차를 마실 때 보통은 별로 중요하지 않은 이런저런 생각을 하면서, 차를 마시는 행위에 집중하지도 않는다. 당연히 거기엔 충족감 같은 것도 없다. 하지만 바로 그런 상태, 즉 차를 마시는 것 자체에 문득 무심해지면 거기에 평상심의 근본이 있다. 평상심을 유지하려면, 명상을 하든 중요한 일을 하든, 특별한 의미를 두고 욕망을 품지 말고, 차를 마실 때는 차를 대하듯, 밥을 먹을 때는 밥을 대하듯 하면 된다. 조금 빗대어 말하자면 '숨을 쉴 때 숨을 들이마시고 내뱉듯이' 임하면 된다. 그러면 비로소 어깨에서 힘이 빠지며 본래의 힘을 100% 발휘할 수 있을 것이다.

'락(樂)'을 능숙하게 다루어
'희(喜)'와 '노(怒)'를 조절한다

'락(樂)'을 능숙하게 다루려면, 밭을 가는 농부와 같은 태도에 익숙해져야 한다. 농부도 처음 밭을 갈 때에는 '올해는 수확량을 배로 늘려야 해' 혹은 '올해 농작물 가격은 얼마 정도가 될까'와 같은 여러 생각을 하면서 괭이질을 한다. 하지만 열심히 괭이질을 하다 보면, 어느새 그런 목적의식으로부터 멀어지게 된다. 묵묵히 괭이질을 하는 농부 본연의 모습에 이른다. 이렇게 단순한 활동을 반복하다 보면 '지금'에 전념할 수 있게 되고, 마음이 편안해져 '락(樂)'의 상태로 들어가는 길이 열린다.

나 역시 복잡한 고민을 상담하러 온 신도를 절 뒤편에 자리한 밭으로 데려가 괭이질을 권한 적이 있다. 단순한 작업을 묵묵히 반복하다 보면 마음이 편해져 뇌에서 세로토닌이 분비된다. 여러 복잡한 생각이나 고민을 떨쳐버리기가 그만큼 쉬워지기 때문에 마음은 어느새 '락(樂)'의 상태가 되어 간다.

이것은 일을 할 때도 마찬가지이다. 얼핏 보기에 고통스러워 보이는 작업도 담담한 마음으로 묵묵히 반복하다 보면, 편안한 느낌을 얻어 '락(樂)'의 상태에 이를 수 있다. 대량으로 우편물을 발송할 때 봉투에 수신인 주소를 붙이는 단순 작업도 처음에는 '지루하다'고 생각되지만, 일정한 리듬으로 묵묵하게 일하다 보면 어느새 자기도 모르게 즐거운 느낌을 받게 된다.

이런 '락(樂)'의 상태, 즉 세로토닌이 분비되는 상태가 되면 '기억의 주술'로부터 벗어나 지금 이 순간의 감각을 충분히 느낄 수 있다. 현재를 살고 있다는 느낌을 제대로 맛보는 것이라고 할 수 있다.

지금 이 순간을 살아간다는 감각을 맛보려면 '과거의 기억에 얽매여 생겨나는 지나친 흥분이나 불안'의 지배를 받지 않아야 한다. 그러기 위해선 마음이 편안하고 즐거워지는 '락(樂)'의 상태만큼 효과적인 게 없다. 이 상태에선 과거의 유쾌하거나 불쾌한 기억도 억제된다. 따라서 '유쾌'한 기억에 집착하는 욕망을 좇는 반응도, '불쾌'한 기억 때문에 긴장하고 우울해지는 분노의 조건반사도 생기기 어렵다. '유쾌함이나 불쾌함으로부터 영향을 덜 받는 평온함'

이 강해지기 때문이다. 즉 평상심의 본질에 이르렀다고 볼 수 있다. 이런 상태에선 과거의 기억에 얽매여 '희(喜)'나 '노(怒)'의 감정이 생겨도 '락(樂)'의 상태가 탄탄한 기초를 이루고 있기 때문에 금방 평온한 감정으로 돌아올 수 있다. 즉 '락(樂)'의 상태를 유지함으로써 '희(喜)'나 '노(怒)'의 상태로 휩쓸려가지 않게 억제할 수 있는 것이다. 물론 '희(喜)'나 '노(怒)'가 완전히 사라지는 것은 아니지만, 어느 정도 통제하고 조절할 수 있게 된다.

'희(喜)'나 '노(怒)'에 휘둘릴 때 상황을 제대로 인식하는 것, 즉 자신이 지금 너무 기뻐하거나 화를 내고 있다고 '감정'을 인식하는 것만으로도 그 지배력은 약해진다. 그리고 여기에서 한 걸음 더 나아가 '락(樂)'의 상태로 들어가는 신경회로가 열리도록 마음을 써 보는 것이다. 몇 분 동안 호흡에 집중하는 것도 좋고, 밖에서 일정한 리듬으로 거닐어 보는 것도 좋다. 무엇을 하면 가장 쉽게 '락(樂)'의 상태가 될 수 있는지를 스스로 알아보고 활용해 보라. 평소에 자신에게 맞는 방법으로 '락(樂)'의 상태에 이르는 훈련을 해두면 '희(喜)'나 '노(怒)'에 휘둘리지 않아도 된다. '락(樂)'은 평상심을 유지하는 데 중요한 요인이다.

'락(樂)'에도 함정은 있다

●
●

다만 '락(樂)'에도 함정, 혹은 덫이 숨겨져 있다. 지금까지 우리는 마음을 단순하게 '희(喜)' '노(怒)' '락(樂)'의 세 가지 상태로 나누어 알아보았다. 그러나 앞서 말했듯이, 마음이라는 것은 매우 복잡하기 때문에 이 세 가지 상태가 뒤섞이는 경우가 많다. 특히 '희(喜)'와 '락(樂)'은 섞이기가 매우 쉽다.

예를 들어 오늘 하루는 일이 잘 풀려 즐겁고 기쁘다고 생각할 때는 '희(喜)'와 '락(樂)'이 일정한 비율로 섞여 있다고 할 수 있다. 어제까지 끌어오던 큰일을 마무리해서 마음이 평온한 상태일 때에는 비교적 좋다고 할 수 있다. 하지만 '마감을 아슬아슬하게 지키느라 너무 힘들었어. 겨우 마쳐서 다행이야. 정말 기쁘다!'라고 감정이 고조되면 문제가 생긴다. 강한 '고통'을 느끼다 해방되는 과정에서 '락(樂)'을 얻는 이런 흐름은 그런 과정을 되풀이하고 싶게 만든다. 이럴 때에는 '락(樂)'보다 '희(喜)'의 비율이 계속 높아진다.

이런 상황에서는 쾌락을 맛보기 위해 자신을 강한 스트레스 상태로 밀어붙여야만 한다. 결국 쾌락을 계속 즐기려면, 스트레스를 주는 상태에 뛰어들었다가 빠져나오는 과정을 반복해야 한다. 이렇게 '락(樂)'을 갈망하는 과정을 되풀이하다 보면, 과도한 불안감이나 부족감이 생긴다. 평상심과는 거리가 먼 상황이다.

혹은 일이 잘 끝나 기쁘다고 할 때에도 단지 일이 끝나 편안해지는 상태를 이야기하는 게 아닐 수도 있다. 일로부터 '도피하는 쾌감'을 느끼며, 일시적으로 고통에서 벗어나는 기쁨을 맛보는 것일지도 모른다. 이것은 진정한 의미의 '락(樂)'이 아니다. 오히려 '희(喜)'에 더 가까운 상태로, 이처럼 '희(喜)'를 강하게 동반한 '락(樂)'에 빠지면, 점점 태만해지고 놀고 싶어진다. 도피하고 있는 사이에 일을 하지 않고, 좋아하는 것만 즐기며 기쁨을 느끼는 함정에 빠지기 때문이다. 그러나 마음의 밑바닥에서는 늘 더 큰 기쁨을 갈망하는 고통이 계속된다. 기쁨을 추구하지만 고통에서 벗어날 수 없게 되는 경우라 할 수 있다. 이런 식으로 '락(樂)'에도 함정이 있기 때문에 '락(樂)'의 상태에 집착하지 않는 자세가 역시 중요하다.

명상 수행에도 함정이 있다

⋮

'집착하지 않는다', 즉 '얽매이지 않는다'는 태도는 평상심을 유지하는 데 아주 중요하다. 특히 '희(喜)'나 '노(怒)'에 지배당하지 않으려면, 감정적인 구조를 파악해 집착하지 말고 벗어나야 한다.

'락(樂)'은 집착을 벗어난 구조를 바탕으로 하지만 '희(喜)'가 따라서 생길 여지가 충분하다. 지나친 기쁨을 느끼면 '희(喜)'에 점령당해 집착하게 된다. 따라서 '락(樂)'에 집착하면 '희(喜)'라는 함정에 빠져 고통이 찾아오는 경우도 있다는 사실을 깨닫고 집착하지 않는 태도가 중요하다.

불교의 명상 수행에서도 '락(樂)'에 집착하는 실수를 범하기 쉽다. 명상 수행을 계속하다 보면 '락(樂)'의 상태에서 세로토닌이 대량으로 분비돼 편안한 느낌이 아주 강하게 오랫동안 지속된다. 그러면 너무 편안해서 이대로 죽어도 좋다는 기분이 들 때도 있다. 이때 많은 사람들이 그런 기분 좋은 상태를 지속하고 싶어 집착하게 된다. 그러나 집착의 덫에 걸리면 명상 수행의 다음 단계로 나아가지 못한다. 나 자신 역시 그런 이유로 명상 수행이 제자리를 맴돌던 때가 있었다. 사람에 따라 자신이 집착의 덫에 걸렸다는 사실을 깨닫는 데까지 1년이 걸릴 수도 있고 2년이 걸릴 수도 있다.

그러므로 '락(樂)'의 상태에서 너무 기분이 좋아지면, '아, 이런 기쁨은 즐거움이라는 생리적, 심리적인 상황에 지나지 않는 거야'라고 냉정하게 판단해야 한다. 그러기 위해서는 평상심을 가지고 자신의 감정 상태를 바라보는 것이 중요하다. 이때 '제행무상(諸行無常)'의 관점으로 '락(樂)'을 바라보는 것도 도움이 된다. 안락감에 빠져드는 순간 '지금 내가 안락감에 빠져들고 있구나!'라고 알아차린 뒤, 안락감이 커졌다가 약해지는 것을 지켜보면 안락감은 서서히 사라진다. 이런 식으로 하나의 감정이 '생겨나 커지다가 결국 작아지고 사라지는' 과정을 찬찬히 느끼면, '락(樂)'의 상태도 결국 사라지게 된다는 사실을 깨달을 수 있다. 그렇게 되면 비로소 '락(樂)'에 집착하다가 그것이 손에 들어오지 않을 때 오히려 고통을 받는 욕망의 악순환에 빠지지 않을 수 있다. '락(樂)' 본연의 편안함만을 맛보게 되는 것이다.

'희열감'으로
극약 처방을 할 수 있다

●
●

지금까지는 '희(喜)'의 나쁜 점을 많이 강조했다. 하지만 불교 명상에서는 '희(喜)'가 큰 도움을 줄 때도 있다.

명상을 하다 보면, 내 몸 안의 깊숙한 곳에서 평소에는 알아차리지 못했던 '긴장감'을 발견할 때가 있다. 그것에 의식을 집중해 계속 바라보면, 긴장감이 서서히 줄어들다가 어느 순간 깨끗이 사라지는 때가 찾아온다. 그럴 때면 격한 기쁨이 치솟고, 온몸이 에너지로 가득한 느낌이 든다. 몸 깊숙한 곳에 자리했던 고통이 사라진 데서 비롯된 결과로 보인다. 어쨌든 이런 생리적 상태를 불교에서는 '희열감'이라고 부른다.

희열감은 명상을 지속하는 데 도움이 된다. 물론 집착하는 것은 매우 위험하지만, '희열감'은 에너지가 몸 전체를 지나가며 활력을 되찾게 해 준다. 그래서 불교 명상에서는 희열감을 중요시한다. 뒤에서 다룰 '칠각지'라는 일곱 가지 깨달음에도 '희열감'이 포함되어 있다.

희열감이든 안락감이든
① 생기기 시작해서
② 한동안 이어지다가
③ 반드시 사라진다
즉, 생(生)-주(住)-멸(滅)의 과정을 거친다.

이 과정을 관찰하는 수행을 계속하면 그것들에 대한 집착을 버릴 수 있다. 이렇게 해서 강렬한 희열감이나 안락감이 주는 쾌락에 대해 평상심을 유지할 수 있으면, 일상적인 쾌락에 대해서는 더욱 집착하지 않을 수 있게 된다. 이처럼 '희(喜)'는 해로운 독이면서도, 희열감이라는 극약 처방에 쓰일 땐 긍정적이다.

희로애락에 대한 불교식의 결론

•
•

마침내 제3장의 제목인 '희로애락에 대해 석가는 어떻게 가르치는가'라는 질문으로 돌아왔다. 이 물음에 대해서 간단하게 답할 수는 없지만, 굳이 한마디로 답한다면 다음과 같다.

'희(喜)'는 있는 것이 좋다
'노(怒)'는 없는 것이 좋다
'애(哀)'도 없는 것이 좋다
'락(樂)'은 있는 것이 좋다

희(喜)와 락(樂)이 좋은 것이지만, 노(怒)나 애(哀)도 상황에 따라

자연스럽게 생기는 감정이다. 따라서 그것들이 생겨나면, 내게 일어나는 현상으로 받아들이고 지켜보아야 한다. 희(喜)와 락(樂)이 좋다고 집착하는 것은 위험하다. 이것이 제3장의 결론이다. 이 장에서는 희(喜)와 락(樂)의 상태를 유지하는 데 도움이 되는 것에 대해서도 알아보았다. 하지만 더 자세한 내용은 마지막 제5장에서 다뤄보겠다.

제3장 희로애락에 대해 석가는 어떻게 가르치는가
불교식 감정 통제법

노(怒)와 애(哀)

화를 내면 반드시 대가를 치르게 된다
분노라는 '업'을 쌓아가면 부정적인 피드백을 받게 된다

화를 내고 있을 때야말로, 마음을 관찰하고 감시해야 한다
노르아드레날린의 명령이라고 인식한다.

희(喜)와 락(樂)

유쾌와 불쾌는 동전의 양면이다
쾌락을 쫓아가면, 반드시 부족함을 느끼고 고통을 겪는다.

'좀 더 좀 더'라고 할 때에는 마음을 관찰하고 감시해야 한다
더 큰 자극을 원하는 것은 도파민의 명령이라고 인식한다.

겉 속

사람은 기억의 저주를 받는다
유쾌함, 불쾌함, 희로애락에 집착하지 말고, '그렇구나' 하고 받아들이고 내버려 둔다.

: 제4장 :

생로병사를
평상심으로 대한다

죽음을 받아들이는 법

석가의 최초 설법

제4장에서는 '생로병사'라는 꽤 어려운 내용에 대해 생각해 보겠다. 생로병사는 인생의 본질적인 문제로, 모든 종교에서 보편적으로 다루는 매우 근본적인 주제이다.

석가가 깨달음을 얻어 처음 설법을 할 때만 해도 그의 설법을 듣기 위해 모인 사람이 아주 적어 고작 다섯 명이 전부였다. 석가의 첫 설법을 담은 불경을 『초전법륜경(初轉法輪經)』이라 하는데, 그 내용을 몇 줄로 간단히 요약하면 다음과 같다.

"그대들이여, 태어나는 것은 고통이다. 늙는 것은 고통이다. 병에 걸리는 것은 고통이다. 그리고 누구든 반드시 죽는다는 것이 고통이다.

살아 있는 동안 우리의 마음은 반드시 무엇인가 '호감 가는 것'을 만든다. 무언가를 좋아하게 되고, 누군가를 사모하게 된다. 하지만 호감을 느끼는 것들은 수시로 변한다. 호감을 느끼는 내 마음도 변한다.

눈으로 계속 보고 싶을 정도로 좋아했던 모습이 어느 날부터 좋게 보이지 않게 될 수도 있다. 귀로 계속 듣고 싶을 정도로 좋아했던 소리가 어느 날부터 나쁘게 들릴 수도 있다. 모습도 변하고, 소리도 변하고, 때로는 그것을 좋아하는 마음도 변한다. 그토록 좋아하던 것에 질려버리기도 한다.

무엇이든 영원할 수는 없다. 좋아하는 맛이든 향이든 무엇이나 언젠가는 무너지고 사라진다. 그리고 이런 사실로부터 고통이 생겨난다. 그것을 '애별리고(愛別離苦)'라고 한다. 사랑하는 것과 이별하는 고통이다."

석가께서 처음에 말씀하신 '애별리고(愛別離苦)'는 어찌 보면 아주 이해하기 쉬운 진리이다. 아무리 좋아하고 아무리 사랑해도 사람이든 물건이든 영원불변한 것은 없다. 반드시 한 순간, 한 순간 변해간다. 애별리고와 대조적이지만 우리 삶에 늘 존재하는 또 하나의 고통으로 '원증회고(怨憎會苦)'가 있다. 원한을 품어 미워하는 것과 만나야 하는 고통이다. 예를 들어 다음과 같은 생각이 들

때이다. '저렇게 생긴 얼굴은 싫어', '이런 날씨는 너무 더워', '그런 기억은 떠올리고 싶지 않아', '기미가 늘어나는 것이 싫어', '색깔이 마음에 안 들어'… 이처럼 '싫다'는 느낌이 드는 사람이나 상황에 접하면 몸과 마음이 충격과 고통을 받는다.

『대념처경(大念處經)』이라는 경전에서는 '눈, 귀, 코, 혀, 몸, 마음'이라는 여섯 가지 출입구를 통해 바람직하지 않은 정보에 접촉하는 것이 원증회고의 내용이 된다고 씌어 있다.

원하지만 얻을 수 없는 고통, 구부득고(求不得苦)

　석가는 우리가 얻을 수 없는 것을 원하는 욕망이나 갈망 때문에 괴로워한다고도 했다. 이것을 '구부득고'라고 한다. 원하는데 얻을 수 없는 것에 의한 고통이라는 의미이다.

　경전에서는 그런 갈망의 예로서 '아, 태어나지 않으면 좋을 텐데, 태어나지 않았으면 좋았어'라고 하는 경우를 드는데, 아주 슬프고 괴로운 일을 당한 사람이 내뱉는 말이다. 가끔 부모님 앞에서 이런 말을 하는 사람도 있다. 특히 미성숙한 사춘기에 그런 말을 부모에게 툭 던지는 경우가 많다. '나는 태어나고 싶어서 태어난 게 아니다. 어째서 당신은 나를 낳았는가?'라고 되묻는 셈이다. 사람이 할 수 있는 말 중 가장 나쁜 말이다. 이 말처럼 부모님의 마음을 아프게 하는 것이 또 있을까?

영어로 태어난다는 표현은 'I was born(태어남을 당했다)'이다. 자신의 의지와는 상관없이 이 세상으로 밀려났다는 의미다. 하지만 불교에서 보는 출생은 수동적인 현상이 아니다. 무언가가 어떤 형태로 태어나고 바뀌는 것은 모두 그의 마음이 선택한 결과라고 본다. 이것은 윤회전생이라는 인도인들의 사고방식과 관련이 있는 주제로 뒷부분에서 자세히 다루겠다.

어쨌든 '태어나지 않았다면 좋았을 텐데'라는 바람은 결코 이루어질 수 없는 것이다. 이룰 수 없는 것을 갈망하면 마음에 갈등만 생긴다. 이런 헛된 갈망은 마음을 비틀리게 만들고 고통을 준다. '태어나지 않았다면 좋았을 텐데'라는 바람처럼 극단적이고 충동적인 갈망은 아니라 해도, 절대로 이뤄지지 않는 것을 갈망하며 괴로워하는 경우는 수없이 많다.

예를 들어 대부분의 사람이 공유하는 갈망 중에 '늙지 않으면 좋겠어'라는 것이 있다. '늙고 싶지 않다'는 갈망은 나이가 듦에 따라 여러 갈래로 나뉜다. '기미가 생기지 않았으면 좋겠는데', '노안이 되지 않았으면 좋겠는데', '피부가 처지지 않았으면 좋겠는데'와 같은 복잡한 갈망들이 늘 마음속에서 들끓는다. 의식적으로 늙고 싶지 않다고 생각하는 사람이 아니더라도, 누구든 그런 생각에 자기도 모르게 지배당하기 마련이다.

나이가 듦에 따라서 '나잇살'이나 '뱃살'이 찌고, 양 볼은 탄력을 잃어 처치고, 노인 냄새가 나기 시작한다. 대부분 이런 변화를 거부하며 '이렇게 무너져가는 존재가 아니라면 좋을 텐데' 하고 갈망을 품게 된다. 그렇지만 우리 몸은 세월이 흐르면 차츰 무너져 죽음에 이르도록 설계되어 있다.

이런 엄연한 사실에도 불구하고 우리의 뇌는 끊임없이 그것을 부정하려고 한다. '늙지 않으려고' 적극적으로 애쓰는 사람이 있는가 하면, 그렇게까지는 못해도 대부분은 '젊게 살면 좋을 텐데'라고 생각하며 늙는다는 사실을 부정한다. 우리의 머릿속을 차지하는 사념은 대부분 이런 부정적인 것들로 가득 차 있다. 그중 대표적인 한 가지가 '늙지 않으면 좋을 텐데'라는 것이다.

그런데 이런 '늙지 않았으면 좋겠다'는 갈망이 궁극적으로 지향하는 것은 바로 '죽지 않으면 좋을 텐데'라는 갈망이다. 사람은 누구나 의식하든 안 하든 '죽고 싶지 않다'는 갈망 아래 살아가는 존재이기 때문이다.

망상에서 벗어나야 한다

'병에 걸리고 싶지 않아'라는 생각도 결국 '죽고 싶지 않아'로 이어진다. '늙고 싶지 않아' '병에 걸리고 싶지 않아' 그리고 '죽고 싶지 않아'는 인간의 맹목적인 '생존 욕구'에 지배당하는 근원적인 갈망이다.

인간은 생존을 불확실하게 만드는 모든 것을 꺼리고 싫어하며, 그것으로부터 벗어나고자 발버둥 친다. 실제로는 매순간 세포들이 노화해 무너져가고 있는데도, 이런 현실을 부인하려는 갈망을 버리지 못한다. 이것을 불교에서는 '망상(妄想)'이라 한다. 일반적인 의미의 망상과 불교에서 말하는 망상은 뉘앙스가 다르다. 하지만 사실을 받아들이지 않고 자신이 갈망하는 세계를 머릿속에서 항상 그리고 있다는 의미에서, 둘은 서로 비슷하다.

인도 출신의 승려 달마대사는 이와 관련해 '막망상(莫妄想, 망상을 하지 말라)'이라는 말을 남기고 있다. 사실을 부인하고, 그것과 다른 세계를 머릿속에 구축하지 말라는 뜻이다.

까칠해진 자신의 피부를 보고 싫다는 생각을 하며, 예전의 매끄러운 피부를 떠올리는 것도 '망상'이다. '싫다'라는 감정 자체가 망상이기 때문이다. 달마대사가 '막망상'이라고 가르친 이유는 그것이 고통을 주기 때문이다. 꺼칠해진 피부에 대해 '싫다'고 생각하면, 마음은 삐걱거리며 갈등을 겪는다. 현실의 피부 상태를 부정하고 그렇지 않은 이상적인 피부 상태를 갈망하는 망상 속에서, 현실과 이상 사이에 균열이 생기기 때문이다. 이런 갈등과 균열이 평정심을 깨고 마음에 고통을 안겨준다. 마음은 고통을 겪으며 형태가 조금씩 일그러진다.

현실을 받아들이고, 평상심을 유지해야 한다

지금까지 수차례 강조했듯이 평상심을 가지고 살아가는 데에는 '받아들인다'는 마음 자세가 매우 중요하다. 사실을 사실 그대로 받아들이면 '애별리고' '원증회고' '구부득고'라는 고통이 줄어든다.

아무리 사랑하는 사람이라도 반드시 이별하게 되어 있다고 받아들인다. 살다보면 싫어하는 사람과 만나는 경우도 있다고 받아들인다.

'늙고 싶지 않아' '병에 걸리고 싶지 않아' '죽고 싶지 않아'라는 생각은 생존 욕구를 바탕으로 생겨난 갈망이다. 이런 갈망은 절대로 이루어지지 않는다는 사실을 받아들인다. 그리고 맹목적인 생존 욕구를 누그러뜨려 '락(樂)'의 상태에 이르게 한다.

사실을 거부하지 않고 '아, 그런 식으로 될 수밖에 없구나' 하며 받아들이는 마음의 태도를 갖추어 보라. 그것이 바로 평상심을 유지하는 비결이다. '늙어도, 병에 걸려도, 그리고 언젠가 죽어도' 삶이란 그런 식으로 흘러가기 마련이라고 받아들이면 고통이 훨씬 줄어든다.

예를 들어 '병'에 걸리면 병 자체의 신체적인 고통도 괴롭지만, 병을 받아들이지 않으려는 마음 때문에 더욱 괴로워진다. '왜 나만 운 나쁘게 이런 병에 걸렸지?' '왜 이렇게 젊은 나이에 이런 병에 걸려야 하지?'라고 사실을 거부하며 때로는 화를 내는 사람도 있다. 이 모두가 마음에 고통을 안겨주는 행위이다. 날마다 현실을 있는 그대로 받아들이며, 평상심을 유지하는 연습을 하면 이런 고통을 조금씩 줄여갈 수 있다. 불교의 근본은 이렇게 마음의 고통을 줄이는 법을 가르치는 것이다.

자신의 약함도 받아들인다

아마 그 무엇보다 받아들이기 어려운 게 '나 자신의 약함'일 것이다. 하지만 이를 인정하며 받아들이는 것은 중요하다. 예를 들어 누군가로부터 마음에 들지 않는 말을 들어서 '싫다'는 생각이 들면, '아, 나는 이런 말을 들으면 곧바로 싫다고 생각하는구나. 약한 인간이구나. 그래 나는 약해'라고 자신의 현실을 받아들여야 한다.

내가 다른 사람의 말에 상처 받는 것은 '만(慢)＝자존심＝스스로에 대한 이미지' 때문이다. 이미지와 다른 말을 듣게 되면 상처 입고, 더러는 그것을 거부하며 상대에 대한 분노를 느끼게 된다. 하지만 이 '만(慢)'도 결국은 망상이다. '만(慢)'은 자신의 이미지를 굉장히 멋지게 망상하며, 그 망상에 사로잡히게 되는 상태라 할 수 있다.

따라서 자신의 약함을 받아들여야 한다. 그리고 스스로의 내면에 상처 받기 쉬운 '만(慢)'을 키워왔다는 사실도 인정하고 받아들여야 한다. 이것은 주위의 상황을 받아들이는 동시에, 자기 자신의 현 상태도 수용함을 뜻한다. 허세를 부리지 않고 있는 그대로 받아들일 수 있게 되면, 우리는 스스로에게나 주위 사람들에게나 모두 관용을 베풀 수 있다. 그리고 그 결과 평상심을 유지할 수 있게 된다.

인생은 고통으로 가득 차 있다

　인생의 고통에 대한 이야기를 하나 더 해볼까 한다. 불교에는 '오온성고(五蘊盛苦)'라는 말이 있다. 이 말은 불교가 인간과 고통을 바라보는 시각을 잘 나타내 주고 있다.
　'오온(五蘊)'은 인간을 하나의 시스템으로 볼 때 그것을 구성하는 다섯 가지를 뜻한다. 그 다섯 가지는 다음과 같다.

1) 신체
2) 감각
3) 기억의 네트워크
4) 충동

5) 정보의 입력 시스템

즉, 우리들에게는 '1) 신체'가 있고, 신체의 신경회로가 자극 받으면 '2) 감각'이 생겨난다. 그리고 이 감각이 '3) 기억의 네트워크'와 연동하면 좋다든가 싫다든가 하는 '4) 충동'을 느끼게 된다. 그리고 이런 과정이 진행되기 위해선 오감과 사고를 통해 '5) 정보의 입력 시스템'이 작동해야 한다.

'오온성고'란 이렇게 다섯 가지로 구성된 우리의 심신에 늘 어떤 형태로든 고통이 입력되는 것을 뜻한다. 특히 '성고(盛苦)'란 고통이 넘쳐흐르는 상태를 말한다.

이런 식으로 불교는 인생은 고통으로 가득 차 있다고 가르친다. 생로병사, 즉 태어나고, 늙고, 병에 걸리고, 죽는 것이 모두 고통이다. 좋아하는 것을 계속 접할 수도 없고, 싫어하는 것을 계속 피하는 것도 불가능하다. 우리의 몸과 마음은 좋아하지 않는 것을 접하며 살아갈 수밖에 없다. 그런데도 우리는 자신이나 주위의 상황이 이런 식으로 변해가는 것을 부정하고, 저항하는 방향으로 나아가려 한다. 이런 맹목적인 충동은 '생존 욕구'에서 비롯된 것이다. 결국 '살고 싶다, 살고 싶다', 혹은 '싫다, 죽고 싶지 않다'와 같은 생존 욕구로 가득 찬 마음이 모든 고통의 근원이기도 하다.

19세기의 철학자 쇼펜하우어는 "살고자 하는 맹목적인 충동이 생명을 이끌어가고, 그런 충동 때문에 생명체는 늘 괴로워한다"고 했다. 쇼펜하우어의 말처럼 맹목적인 생존 욕구에 끌려 다니느라 괴롭다면, 그것에서 벗어나라. 그리하면 마음이 편안해지는 '락(樂)'의 상태에 이를 수 있다. 즉, 맹목적인 생존 욕구를 버리고 궁극적으로는 모두가 죽는다는 사실을 받아들이면 고통이 떠나가고 '락(樂)'이 찾아온다. 거꾸로 말하면 그런 받아들임이 가능하지 않은 상태에서는 아무리 큰 쾌락을 맛보고, 아무리 많은 돈을 벌어도 인생의 고통은 사라지지 않는다. 하지만 이런 구조를 깨닫고 맹목적인 생존 욕구가 어리석다는 것을 알게 되면 삶의 고통은 줄어든다.

죽을 때 유일하게 가지고 가는 게
'업(業)'이다

•

 사람은 죽음 앞에 무력하다. 원시불교 경전에서는 이에 대해 다음과 같이 가르치고 있다.

 왕이든, 귀족이든, 서민이든, 노예든, 노예보다도 못하게 여겨지는 불가촉천민이든, 누구에게나 죽음은 반드시 평등하게 찾아온다. 사방팔방에서 거대한 암석이 짓누르듯이 죽음이 찾아오면 아무 데도 도망칠 곳이 없다. 모든 생물은 그런 식으로 죽음에 짓눌려 끌려간다.

 코끼리 군대를 내세워 싸워도 죽음을 이길 사람은 없다. 보병대를 내세워도, 전차 부대를 동원해도 승산이 없다. 어떤 책략과 모략도 통하지 않는다. 죽음 앞에선 누구나 반드시 진다. 또한 아무리 부자라도, 많은 노예를 거느린 자라도 죽을 때에는 아무것도 가지고 갈 수 없다는 가르침도 있다. 이런 가르침은 모든 종교에서 볼 수 있는 것이다. 그런데 불교에서는 죽을 때에 유일하게 가져갈 수 있는 게 딱 한 가지 있다고 가르친다.

그것이 바로 '업(카르마)'이다. 바꿔 말하면 지금까지 자신이 몸과 마음에 가르치고 행해 온 것들이 축적된 '사념(思念)의 에너지'이다. 불교에서는 죽을 때 누구나 이와 같은 업을 가지고 간다고 가르친다.

늘 격하게 화를 내고, 부족하다고 투덜거리며 욕심내는 삶을 살았다면, 오염된 사념 에너지가 쌓이게 되고, 그런 업이 다음 생에 어떤 식으로 태어날지를 결정하는 데 영향을 끼친다고 가르친다. 이것이 '윤회전생'이다.

'윤회전생=환생'도 고통이다

업이나 윤회전생에 대해 불교에서는 어떻게 이야기하는지 좀 더 자세히 살펴보자.

'업'은 살아가며 쌓은 사념 에너지의 총합이며, 그에 따라 다음 환생이 결정된다. 예를 들어 마음에 격한 분노를 지닌 채 죽은 사람은 다음 생에서도 분노를 반복하고 강화하는 환생을 한다. 즉, 분노에 가득 찬 더욱더 괴로운 삶이 기다리고 있는 것이다.

심지어 분노의 에너지가 너무 강하면, 그에 맞는 신체가 발견되지 않아 분노가 '사념'인 채로 떠돌게 된다. 이것이 '수라'이다. 그렇게 수라로 떠다니는 사이에 분노의 에너지가 조금씩 줄어들면 그제야 그에 상응하는 신체(인간일 수도 있고, 동물일 수도 있다)로 환생한다는 것이다.

　그렇다면 분노와 정반대인 온화한 마음을 지니고 죽은 사람에게는 어떤 윤회전생이 기다리고 있을까? 보통의 인간에게는 있을 수 없는 온화함이나 상냥함을 가진 사람은 그에 상응하는 신체로 환생하지 않는다. 기분 좋은 상태를 반복하는 사념으로서 '천계'에 머물게 된다. 온화한 마음으로 살아 천계에 머물게 되면 좋을 것이라 생각하는 사람도 많겠지만, 불교에서는 '천국과 지옥'이라는 이원론으로 세계를 바라보지 않는다. '천계'도 영원히 머물 수 있는 세계가 아니다. 기분 좋은 사념도 영원히 반복되지는 않는다. 머지않아 소멸되어 '죽게 되는' 시점이 찾아오면 다시 신체를 가지고 환생한다.

　제행무상(諸行無常), 늘 변하지 않는 것은 없다. 수라도 신도 변화를 피할 수는 없다. 머지않아 새로운 존재로 다시 태어날 뿐이다. 이것이 석가가 가르치시는 '육도(천도, 인간도, 수라도, 축생도, 아귀도, 지옥도) 윤회'다. 이렇게 영원하게 환생을 계속해야 하는 윤회 때문에 '생'은 고통스러운 것이라고 석가는 말했다.

　이 세상의 고통과 분노를 그대로 지닌 채 자살하면, 그 격한 분노와 고통에 맞는 '수라'나 '지옥'으로 환생하고 만다. 즉, 살기 싫어 자살한다 해도 더 나쁜 상황 속에서 새로운 삶을 다시 살게 되는 윤회로부터 벗어날 수는 없다. 이것은 분명히 피할 수 없는 고통이라고 할 수 있을 것이다.

'입멸'은 윤회로부터의 해방이다

'일체개고(一切皆苦)'란 모든 것이 고통인 인간의 삶을 나타내는 말이다. 석가는 이런 삶과 윤회전생으로부터 벗어나기 위해 수행을 하여 깨달음을 얻게 되었다고 한다. 흔히 석가의 죽음을 '입멸(入滅)' 혹은 '적멸(寂滅)'이라고 표현한다. 이는 모두 완전히 사라지는 것을 의미한다. '입멸'이나 '적멸'을 의미하는 팔리어의 '닛바나', 혹은 산스크리트어의 '니르바나'는 원래 불이 꺼지는 것처럼 사라진다는 의미를 지니고 있다. 석가는 업을 완전히 소멸시키고 카르마의 인과 법칙에 지배당하는 윤회로부터 벗어나기 위해 수행한 것이다. 완전하게 없애기 위하여 수행을 쌓은 것이다. 윤회전생으로부터 해방되는 '궁극의 자살'이 목표였다고도 할 수 있겠다.

모두 저마다의 업이 있다

업에 대한 얘기를 조금 더 이어가 보겠다. 불교에서는 '인과응보'를 가르친다. 세상에는 불합리하다고 생각되는 일이 넘쳐난다. 억울한 일도 화나는 일도 한두 가지가 아니다. 하지만 그것은 모두 자신의 업이 불러들인 결과다. 업이란 현생만이 아니라 전생으로부터 끌어들여 이어지는 것이다.

살다 보면 누구나 불합리한 상황에서 다음과 같이 화를 낼 수 있다.

'왜 나 자신만 이렇게 안 좋은 일을 당하는가'
'왜 나 자신만 이런 병에 걸려야 하는가'

'왜 나 자신만 이렇게 젊은 나이에 죽어야 하는가'
'왜 내 아이만 고작 다섯 살에 죽어야 하는가'

세상에는 불합리한 일과 불합리한 죽음이 넘쳐난다. 예를 들어 어린 자식의 죽음처럼 부모에게 슬프고 불합리한 일도 없다. 그런 경우 '부모가 쌓은 업의 인과 법칙 탓에 아이가 일찍 죽었다'고 말하기도 한다. 하지만 틀린 말이다. 업은 감염증이 아니기 때문에 내가 쌓은 업이 다른 누군가에게 옮아가지는 않는다.

일찍 죽은 아이는 그 아이 나름대로 쌓아온 업에 걸맞게 살다가 떠난 것일 뿐이다. 말하자면 적절한 시기에 전생으로부터 이어지는 업을 해소시켜, 전생의 빚을 청산했던 것이다. 이때 부모가 아이를 잃고 슬픔에 잠기는 것 또한 부모 자신이 쌓아온 업의 결과이다.

불교는 죽음에 대해 철저한 평정을 유지한다

불교에서는 죽음을 슬픈 일로 받아들이지 않는다. 철저하게 평정을 유지한다. 누구나 친한 사람이 죽으면 슬픔에 빠지지만, 석가는 슬퍼하는 것은 무의미하다고 가르친다. 사람의 죽음은 탄식할 일이 아니라, 학습 재료에 지나지 않는다고 말한다.

오래전에 불교 신도들은 사람이 죽으면 그 시체를 들판에 내버려 두었다. 그리고 매일 시체가 썩어가는 것을 확인하면서 육신에 대한 집착을 없애도록 했다고 한다. 이때 새들이 날아와 시체를 먹도록 내버려 두었기 때문에 이를 '조장(鳥葬)'이라고도 했다. 사람들은 조장을 지켜보며 자신이 집착하고 있는 육신이 언젠가는 썩고, 사라지는 것임을 학습하게 되어 자신의 신체나 삶에 대한 집착으로부터 멀어질 수 있었다.

  죽음을 기피하고 될 수 있으면 죽음으로부터 멀어지려는 현대인들의 태도와는 정반대라고 할 수 있다. 현대인은 평소에 동물이든 사람이든 죽음을 접할 일이 거의 없다. 곤충 채집을 하는 사람들이야 벌레의 시체를 모아두지만, 조장과는 사뭇 다른 태도를 보인다. 시체가 썩어 없어지지 않도록 방부 처리를 하여 곱게 보관한다.

  죽음을 외면하려는 현대인들의 태도는 생존 욕구의 명령에 따른 것이다. 자신의 죽음만이 아니라, 다른 사람의 죽음도 거절해 생존 욕구가 위협 받는 일이 없도록 하려 든다. 그렇게 '죽음'이라는 현실을 외면하고, 그저 생존 욕구의 명령에 따라 살아가는 것이 현대인들의 자화상이라 할 수 있다.

슬픔을 받아들이기 위한
세 가지 태도

●
●

　친한 사람이 죽었을 때 느끼는 슬픔과 같은 감정들을 받아들이는 태도에 대해 생각해 보자. 우리는 대개 다음과 같은 세 가지 방식으로 대응한다.

　첫째, 강한 척하며 슬픔의 감정을 억압한다. 별로 슬프지도 않고 상처도 받지 않았다는 태도를 취하는 것이다. 그러나 이처럼 슬픈 느낌을 있는 그대로 받아들이지 않고 무리하게 덮어버리는 행위는 나중에 심신에 큰 무리를 가져온다.

　둘째, 슬플 때는 제대로 슬퍼한다. 이것은 슬픔을 슬픔으로 치료한다는 서양식 접근법이다. 슬플 때 그 감정을 부인하지 않고, 제대로 슬퍼하면 그 후에 다시 일어서기 쉽다. 나 자신의 슬픈 기분을 받아들이는 태도이다.

　마지막 셋째는 석가의 접근법으로, 지금 눈앞에 일어나고 있는 것을 있는 그대로 받아들이는 것이다. 죽음에 대해서도 사람은 누구나 죽기 때문에 당연한 일로 받아들인다. 슬퍼하거나 한탄하지 않는다. 아주 단순하고 감정적으로 건조한 태도라고 할 수 있다.

　불교 수행을 하지 않는 사람이라면, 석가와 같이 담담하게 죽음을 받아들이는 태도를 취하기란 결코 쉽지 않다. 그러나 가족이나 친구의 죽음을 지나치게 슬퍼하여 마음은 물론 몸까지 상한다면, 죽은 사람의 영혼도 고이 잠들기는 어려울 것이다.

　초기불교 경전인 『수타니파타』에서는 인간이란 죽음의 화살에 관통을 당한 것이라고 가르치는데, 경전에는 다음과 같은 말이 나온다.

　"죽음을 받아들이지 않고 탄식하고 슬퍼하여 무언가 이익이 있다면, 그대들은 슬퍼하시오. 하지만 탄식하고 슬퍼한다고 해도 몸이 상하고 마음이 상하는 것일 뿐이라오."

　세계 어느 나라나 가까운 사람이 죽었을 때에는 소리 높여 우는 것이 망자를 위한 따뜻한 도리라고 생각한다. 특히 한국에서는 장례식장 등에 망자를 위해 통곡할 수 있는 공간이 따로 있다. 이처럼 죽음을 탄식하고 슬퍼하는 것이 올바르다고 여기는 게 세간의 공통된 인식이다. 만일 사람이 죽었을 때 울지 않고 따뜻하게 미소를 지으며 받아들이면 '매정한 사람'으로 여겨질 것이다.

　내가 보기에 사람들의 이런 심리에는 자신이 죽었을 때에도 주위에서 그렇게 슬퍼해 주었으면 하는 바람이 있기 때문인 것 같다. 자신은 매우 소중하니까, 죽은 자신을 위해서 주변 사람들이 울어줬으면 좋겠다고 생각하는 것이다. 결국에는 자기 스스로를 소중하게 여기는 '만(慢)'이 문제다. 자신이 죽어도 주변 사람들이 울며 슬퍼하지 않으면, 그만큼 소중하게 여겨지지 않았다는 생각에 '만(慢) = 자존심'이 상처를 입는 것이다.

　'만(慢)' 때문에 주위 사람들이 울며 슬퍼하길 바라는 것은 그들이 괴로워하기를 바라는 것이나 마찬가지다. 하루나 이틀 어느 일정 기간 동안 슬퍼해 주는 것이야 당연하지만, 그것도 도가 지나치면 심신의 건강을 해치기 쉽다.

　따라서 '사람의 죽음 = 슬퍼해야 하는 것'이라는 상식을 지지하는 사람들은 한번쯤 그 전제를 의심해 보라. 마음 깊은 곳에 자신의 '만심(慢心)'이 있지는 않은지도 확인해 보라. 슬퍼하지 않는 사람을 무작정 '매정한 사람'이라고 매도하는 문화로부터 벗어날 필요가 있다.

　사람이 죽으면, 우선 자신의 슬픈 마음을 받아들여야 한다. 누구나 죽게 된다는 것을 머릿속으로는 이해해도 마음으로는 받아들이기 어려운 게 보통 가람들의 한계이니 일단은 탄식하고 슬퍼하는 자신을 그대로 받아들는 것이다. 이것은 슬픔을 슬픔으로 치료하는 접근법과 비슷하다.

그다음으로 받아들여야 할 사실은 누구나 각자 쌓아온 업에 따라 죽게 된다는 것이다. 불합리하게 생각되는 죽음도 어디까지나 죽은 자의 운명이라고 인식한다. 그렇게 하면 지나치게 큰 슬픔에 사로잡혀 몸과 마음이 상하는 것을 피할 수 있다. 그리고 망자가 가르쳐준 '죽음의 현실'을 통해 마음을 성장시켜, 세상일을 있는 그대로 받아들이면서 흔들림 없이 살아가는 마음의 태도를 유지하도록 하면 더욱 좋을 것이다. 이렇게 슬픔을 양식으로 삼아 성장하는 태도를 보여주면 망자를 위해서도 좋은 이별 선물이 될 수 있다.

석가는 모든 일에 대해
감정적으로 느끼지 않았다

　

석가는 죽음에 대해서 뿐만 아니라, 모든 일에 대해서도 철저하게 평정을 유지했다. 결코 감정적으로 느끼는 법이 없었다.

예를 들어 사람은 자연이나 예술 속에서 '아름다운 것'을 찾아 감동을 느끼고 싶어 한다. 자연의 절경을 보면 감격하고 인간의 내면을 예리하게 묘사한 그림 앞에선 떠날 줄을 모른다. 그림뿐만 아니라 음악, 문학, 영화와 같은 예술을 통해 아름다움을 느끼고 영혼을 울리는 감동을 받고 싶어 하는 게 인간의 습성일 것이다. 사람에 따라 기호가 조금씩 다르다는 차이가 있을 뿐, '예술'을 추구하는 마음은 누구에게나 있다.

하지만 석가가 바라보는 세계에서는 '예술=인위적인 것'은 아무런 의미도 없다. 더 나아가 아름다운 '자연'조차 무의미하다. 왜냐하면 예술도, 자연도, 인간도 원자 수준으로 환원시켜 인식하면 모든 게 똑같다고 생각하기 때문이다. 사람들이 아름답다고 좋아하는 것도, 흉하다고 싫어하는 것도 원자 수준까지 분해하면 모두 전자나 양성자 같은 입자들이 모여 있는 것에 지나지 않는다. 그리고 이 모든 것들은 제행무상의 원리에 따라 변해갈 뿐이다.

따라서 아름다운 것과 흉한 것을 구분해 아름다운 것을 추구하고 집착해도 허무할 뿐이다. 석가는 '허무함'을 깨달았다고 해서 괴로워하지 말라 했다. 대신에 '허무하군, 그런 것이군' 하며 사실을 있는 그대로 인식하여 받아들이는 게 중요하다고 했다. 그것이 바로 깨달음의 길이다.

과학적 인식은 세계를 있는 그대로 인식하는 것이다

내가 이렇게 석가의 깨달음에 대해 이야기하면, 많은 사람들이 실망을 한다. 수행을 하면서 그렇게 감정적으로 무미건조해지면 살아가는 데 무슨 재미가 있겠냐는 생각 때문인 듯하다.

하지만 누차 강조했듯이 쾌락을 추구하는 삶의 방식은 동전의 양면처럼 '고통'을 동반한다. 쾌락에 대한 집착과 결핍이 악순환하는 구조에 지배당하지 않으면서 세계를 제대로 인식하려면, 평상심을 유지하며 살아가야 한다. 그래야만 석가와 같이 해탈에 이르지는 못해도 더 큰 쾌락을 추구하는 고통은 멀리 사라질 것이다.

지금까지 다루었던 '업에 의한 윤회전생'이 실제로 있다고 인식하려면, 의식에서도 어떤 종류의 '비약'이 필요하다. 말하자면 민을 것인가, 믿지 않을 것인가의 세계이다. 누구도 사후의 세계를 알 수 없기 때문에 그 세계가 있다고도 없다고도 말할 수 없다.

나도 윤회전생을 완전히 믿지는 않는다. '분명히 그럴지도 모른다. 하지만 어쩌면 틀릴지도 모른다. 좀 더 검증할 수 있을 때까지는 보류해 두자'는 상태다. 명상이 깊어지면, 내가 현생에서 체험하지 않은 사실을 알고 있다고 깨닫는 경우가 많다. 하지만 명상에 의해 깨닫게 되는 그런 데이터는 단순하게 선조로부터 물려받아 DNA에 저장된 데이터에 지나지 않을지도 모른다. 어쨌든 어느 쪽인지 확증을 할 수 없는 상태다.

확증할 수 없음에도 '절대로 있다'고 믿는 것은 광신적 태도라고 보아야 한다. 물론 업이나 윤회전생을 믿을 것인가 말 것인가는 각각 개인의 자유다. 하지만 과학적으로 절대 없다고 단언하는 것 역시 올바른 과학적 태도는 아니다. 있는 것도 없는 것도 증명할 수 없다면 있을지도 없을지도 모른다고 인정하는 게 과학적으로 정확한 태도다.

죽음에 대한 마음의 준비는
젊을 때부터 한다

•
•

　다시 평상심 이야기로 돌아가 보자. 평상심을 유지하며 온화한 죽음을 맞이하고 싶다면, 죽음을 받아들이는 마음의 준비는 가능하면 빨리 하는 게 좋다. 아예 젊을 때부터 죽음을 받아들이는 마음가짐을 익혀두는 게 어떨까?
　죽음이 가까워지는 60~70대가 되어, 불교라도 공부하여 죽음을 받아들여 보자고 하면 늦은 감이 있다. 물론 개인차는 있지만 죽음을 담담하게 받아들이는 이성은 나이를 먹으면서 쇠퇴하는 경우가 많기 때문이다. 매일매일 마음 훈련을 해 두는 게 필요하다.
　다만, 죽음을 받아들이는 것은 노후 생활을 걱정하는 것과는 전혀 다르다. 요즘은 불황의 여파로 20~30대부터 노후를 걱정하는 사람이 늘어나고 있다. 30대 여성이 주인공인 「결혼하지 않아서 좋은가요」라는 인기 만화가 있다. 이 만화의 주인공은 언제나 '지금 수입으로 양로원비를 지불할 수 있을까?'라고 노후를 걱정한다.

최근의 사회 상황을 고려하면 이런 걱정을 못 버리는 이유도 충분히 공감이 간다. 하지만 미리 걱정을 한다고 도움이 될 일은 전혀 없다. 오히려 정신 건강에 해로울 뿐이다. 늙는다는 현실에 저항감을 느끼고, 늙는 것을 상상해서 공포를 마음에 새겨 넣게 되면, 현실에 저항하고 받아들이지 못하게 하는 부정적인 에너지를 늘려갈 뿐이다.

양로원 비용에 대한 대책이 세워졌다고 해도 다음에는 큰돈이 드는 병에 걸렸을 때 지불할 병원비는 어떻게 할 것인지를 걱정하게 된다. 돈 문제가 해결되면 노후를 누구와 외롭지 않게 보낼 것인가를 걱정한다. 중요한 점은 걱정에는 끝이 없다는 사실이다. 그런데 이런 대부분의 걱정을 살펴보면, 그 중심에 '늙고 싶지 않아' '병에 걸리고 싶지 않아' '죽고 싶지 않아'라는 생존 욕구가 버티고 있다.

이런 욕구에 젊었을 때부터 사로잡혀 있으면 정말 늙어서 죽음을 향해 갈 때에는 더 큰 고통에 사로잡히리라는 것은 불을 보듯 뻔한 일이다. 인생의 최후가 고통의 눈사태에 묻혀서 끝나기 쉽다.

죽음을 받아들이는 평상심을 유지하려면, 최소한 하루에 한 번은 '늘 나는 무너져가고 있다'는 현실을 자각하는 게 좋다. 주름이 늘어가는 것을 발견하면 '아, 주름이 늘고 있구나, 늙어가는구나, 무너지고 있구나, 죽음에 가까워지고 있구나, 싫어하지 말고 받아들이자' 하고 생각해 보자. '싫기는 해, 하지만 맹목적인 생존 욕구에 휘둘려 잠시 그렇게 생각한 거야, 생존 욕구를 따라가면 분명히 고통이 늘어날 거야, 그냥 현실을 이대로 받아들이자' 하고 마음을 가다듬는 게 중요하다. 이런 식으로 평상심을 유지하는 연습을 해 두면 노후에도 편안한 마음으로 지낼 수 있다.

'죽음을 받아들이는' 평상심을 기르는 연습이 반드시 노후를 위해서만 좋은 것은 아니다. 일상생활에서도 당장 효과를 볼 수 있다. 예를 들어 무언가를 어떻게 해서든 잘 해내고 싶을 때, 혹은 어떻게 해서든 무언가를 가지고 싶을 때가 있다. 그런데 이런 욕심 때문에 너무 심하게 긴장하고 흥분하면 오히려 일이 잘 풀리지 않는다.

이럴 때 죽음을 받아들이는 평상심을 기르고 있는 사람은 금방 냉정을 되찾을 수 있다. '저 사람도 죽었다. 분명히 나도 그런 식으로 죽어가겠지'라고 삶의 본질을 늘 깨닫고 있는 사람은 욕심에 휘둘리게 되면 '이 일이 그렇게까지 긴장하면서 죽기 살기로 해야 될 일인가. 그 정도까지 갈망해야만 하는 것인가'라고 생각하게 된다. 그러다 보면 어느새 침착함을 되찾고, 평상심을 유지할 수 있게 된다.

 죽음을 받아들이는 평상심은 여러 사람들과 어울릴 때에도 효과가 있다. '나도 죽어가는 존재요, 당신도 죽어가는 존재다, 우리는 죽을 때 아무것도 가지고 갈 수 없다, 지금 아등바등 가지려고 애쓰는 것들도 결국 다 두고 떠나야 한다'는 생각으로 집착을 하지 않게 되기 때문이다. 물론 일을 대충대충 하라는 뜻이 아니다. 원래 모든 일은 평상심을 유지하며 온화하게 처리할 때 잘 풀리는 법이다.

싫어할수록 더 빨리 늙는다

인간의 세포는 생겨나면 그 기능을 다하고 죽는다. 그리고 오래된 세포가 죽은 자리에 원래 있던 세포의 정보를 기초로 곧 새로운 세포가 형성된다. 일상적으로 바라볼 때엔 아무런 변화가 없는 것처럼 보이지만 명상을 통해 미세한 수준까지 들여다보면 맹렬한 속도로 무너지고 새롭게 생겨나는 과정이 반복된다는 것을 알 수 있다. 제행무상이 제대로 체감되는 순간이다.

하지만 원래 세포와 똑같이 재생되는 것이 아니라, 이전 세포의 정보를 새겨 넣어 '조금 더 건강한 세포'나 '조금 더 병든 세포'로 재생된다. 이런 세포 수준의 환생도 개인차가 있으며, 같은 사람이라고 해도 그때그때의 상황에 따라 달라진다. 세포의 환생에 영향을 주는 것을 불교적으로 살펴보면 다음과 같은 네 가지로 나뉜다.

1) **오래된 업**: 과거의 좋은 감정이나 나쁜 감정에 영향을 받는다.
2) **새로운 업**: 세포가 환생할 때의 마음 상태가 온화하고 밝은지 혹은 초조하고 어두운지에 영향을 받는다.
3) **식사**: 어떤 음식을 섭취하는지에 영향을 받는다.
4) **시절**: 계절적인 기후나 온도 등의 영향을 받는다. 어떤 방식의 호흡을 하고, 어떤 성질의 공기를 받아들이는지에 영향을 받는다.

네 가지 조건이 좋은 사람은 세포 역시 건강한 상태로 재생되기 때문에 당연히 노화의 속도가 느려진다. 고승 중에 장수하거나 나이보다 젊게 보이는 사람이 많은 이유도 네 가지 조건이 좋은 상황에서 살고 있기 때문일지도 모른다.

그러나 아무리 좋은 조건에서 젊고 건강하게 사는 사람이라 해도 죽음을 피할 수는 없다. 매일매일 늙어가는 어쩔 수 없다. 다만, 고승과 일반 사람 사이에 큰 차이가 있기는 하다. 바로 늙어가고 죽어간다는 사실을 평상심을 가지고 받아들이는가 그렇지 않은가다.

늙음이나 죽음은 그것을 싫어하면 싫어할수록 더욱 가깝게 다가온다. 아이러니한 일이다. 왜냐하면 '싫다'고 생각하면 심신이 스트레스를 느끼는 상태가 되고, 이런 상태는 세포의 환생에 악영향을 끼치기 때문이다.

예를 들어 탈모 때문에 고민인 사람은 머리카락이 빠질 때마다 '싫다, 주변 사람들에게 어떻게 보일까'라고 생각하며 거부감을 느낀다. 당연히 그럴수록 스트레스를 받아 머리카락은 더 많이 빠지게 된다.

그 대신 '머리카락이라는 내 신체의 일부가 사라지는구나, 그렇구나, 지금도 이렇게 죽음에 가까워지는구나, 시간이 흐르고 있으니 당연한 일이다, 받아들이자'라고 생각하면, 아주 빈약한 식생활을 하고 있지 않는 한 머리카락이 빠지는 속도가 느려질 것이다. 기미나 주름이 생겨도, 아랫배가 나와도, 늙어가며 죽음에 가까워지고 있다고 받아들이자. 죽음을 받아들이기 위한 연습이라고 생각하며 의식적으로 '이렇게 늙어서 죽어가는 거구나, 받아들이자'라고 확실히, 그러면서도 온화하게 마음에 새기는 게 중요하다. 이것이 바로 스스로 할 수 있는 죽음의 연습이다.

병을 받아들이는 연습을 한다

．
．

　죽음을 받아들이기 위한 연습에는 노화를 받아들이는 것만 있는 게 아니다. 기회는 주위에 수없이 많다. 예를 들어 여름 끝 무렵이 되면 매미의 시체를 많이 보게 된다. 그때 '매미가 죽는 것처럼 나도 언젠가는 죽겠지'라고 죽음을 받아들이는 것이다. 물론 매미의 죽음에는 그다지 '싫다'는 생각을 하지 않은 사람도 사랑하는 애견이나 사랑하는 친구가 죽었을 때는 깊은 슬픔에 빠질 것이다. 그때도 '저 사람도 죽는구나, 나도 언젠가 그처럼 분명히 죽겠지'라고 받아들이면 그 사람의 죽음을 통해서 자신을 강하게 할 수 있게 된다. 어떤 의미에선 오히려 망자를 소중하게 대하는 태도라고도 할 수 있다.

때로는 죽음이 아니어도, 친구나 가족이 심각한 병에 걸리는 상황과 직면할 수 있다. 현대에는 가족이나 지인 중에 암 환자인 경우가 많다. 이런 경우를 통해서도 '생로병사'의 네 가지 고통을 받아들이는 연습을 할 수 있다.

환자를 무조건 동정하거나 "괜찮아, 꼭 나을 거야"라고 억지로 격려하지 말고, 담담하게 마주하는 것이 중요하다. 주변 사람들이 과도하게 슬퍼하거나 동정하면 모처럼 마음을 진정시킨 환자의 평상심을 흐트러뜨리게 된다. 누구나 상상 이상으로 다른 사람의 영향을 받으며 다른 사람의 의견을 새겨두게 되기 때문이다.

예를 들어 누군가가 친구에 대해 "저 녀석, 사실은 바보야"라고 말하면, 실제로 자신이 확인한 것도 아닌데 "그랬어?"라고 곧바로 색안경을 끼고 그 사람을 보게 된다. 그래서 자신이 좋아하는 연예인에 대한 이상한 소문을 듣게 되면, 그때까지 좋아하던 감정은 버려두고 소문을 마음에 새기며 싫어하게 되기도 한다.

환자도 마찬가지다. 주변의 동정이나 연민, 또는 주변 사람이 병을 받아들이지 않는 태도에 영향을 받는다. 그래서 자신의 상태(병)를 받아들이고 싶지 않은 기분에 사로잡히게 된다.

이렇게 되면 환자가 죽음을 받아들이며 평상심을 유지하게 되기는커녕, 다른 사람의 걱정에 세뇌당해 마음의 평정을 잃게 된다. 실제로 이런 모습을 주위에서 자주 볼 수 있다. 따라서 환자를 대할 때엔 자신이 어떻게 행동하고 있는지 늘 주의해야 한다. '당신이 병에 걸린 것처럼 사람은 누구나 병에 걸린다, 나도 언젠가는 당신처럼 될 수 있다'라고 생각하며, 평상심을 가지고 환자를 대하는 것이 중요하다.

환자를 간호하며 인생을 배운다

⋮

　초기 치매 환자나 가정 요양 치료가 가능한 노인 환자의 가족들은 간호를 통해 인생을 배울 수 있다. 사람이 늙어간다는 사실을 받아들이는 연습을 하게 되기 때문이다. 환자를 무작정 동정하거나 싫어하는 것이 아니라 '사람은 이렇게 늙어가는구나'라고 있는 그대로 받아들여 보라. 만일 이런 태도로 간호를 받으면 노인 환자도 더욱 평상심을 유지하기가 쉽다.

　예를 들어 초기 치매 환자는 어느 정도 상황을 판단하고 기억할 수 있다. 일부 환자는 상태가 좋을 때에는 자신이 치매를 앓고 있다는 사실을 인정한다. 그런 환자에게 용기를 준답시고 주위 사람들이 "멍하게 있지 말고 정신 차려야 해"라고 말하면 어떻게 될까? 스스로도 병을 받아들이기 힘든 상황에서 상대방이 질병을 거부하는 말까지 하면 환자의 마음, 즉 '만(慢)'은 더욱 큰 상처를 입을 수밖에 없다. 심지어 현재의 상황을 부정하며 분노가 생기기도 한다. 그래서 애써 간호를 해 주는 가족들에게 격한 분노를 표하게 되는 것이다.

이런 일이 생기면 간호를 하느라 고생하는 가족이나 환자나 모두 불행해질 뿐이다. 따라서 간호를 하는 쪽은 '늙는다는 것을 배우고 있는 중'이라는 마음으로 환자를 대하고, 간호를 받는 쪽도 '늙고 병든 현재를 받아들이자, 간호가 필요한 나 자신을 받아들이자. 이런 나를 간호해 주니 고맙다'라는 마음을 가져야 한다. 늙고 병든 현재를 밀어내지 말고, 있는 그대로 받아들이고 인정하면 노후에도 평상심을 유지하며 온화한 마음으로 지낼 수 있다.

이런 식으로 자신이나 주변의 일들로부터 '노병사(老病死)'를 인식하는 기회를 적극적으로 받아들여야 한다. 이를 기회라고 여기지 않고 무조건 '싫다'고 거부하면 마음에 큰 상처를 입게 된다. '싫다'는 생각이 강할수록 기억에도 강하게 새겨져 언젠가는 그 기억(업)의 저주를 받게 된다. 아무리 싫어해도 '노병사(老病死)'를 피해 갈 수 있는 사람은 없다. 자신에게 '노병사(老病死)'가 찾아왔을 때 '싫다'는 생각이 기억에 강하게 새겨져 있는 사람은 그만큼 큰 고통을 느끼게 된다.

'노병사(老病死)'를 받아들이는 것과 거부하는 것 사이에는 이처럼 매우 큰 차이가 있다. 받아들이면 평상심에 굉장한 플러스가 되고, 싫어하면 심한 마이너스가 된다. '싫다'고 생각하는 업을 쌓으면 언젠가 '기억의 저주에 사로잡히는' 응보를 받게 된다.

'뭐, 이대로도 괜찮아'라고
생각해 본다

⋮

　제4장에서는 '생로병사'를 평상심을 가지고 받아들이는 것의 의미와 이를 위해 가져야 할 마음의 태도에 대해 다뤄보았다. 평상심을 익히기 위해서는 죽음을 받아들이는 연습을 늘 해야 한다. '죽음을 받아들인다'는 근본적인 사실을 소홀히 하고서는 평상심을 유지할 수 없다.
　평상심을 유지하게 되면 일상생활 속에서 무언가에 집착하여 좋아한다거나, 반대로 무언가를 아주 싫어해 스트레스를 받는 일이 줄어든다. 도파민이나 노르아드레날린의 신경회로가 활성화될 때에도 평상심이 쑥 나서서 '뭐, 그렇구나'라고 완충재 역할을 해준다.

석가도 여러 설법에서 눈앞의 현실을 있는 그대로 받아들이는 평상심이 중요하다고 강조했다.

"제자들이여, 다른 종교의 신자들이 나 혹은 그대들을 칭찬해도 신경 쓰지 말게나. 왜냐하면 칭찬 받아서 기뻐하면 냉정한 판단을 할 수 없기 때문이네. 또한 제자들이여, 그대들의 스승인 내가 비난당하거나 바보 취급을 당하여도 절대로 분개하지 말고 반론할 필요도 없다네. 그런 것은 버려두시게나. 비난하는 사람이 있다는 것은 당연한 일이기 때문이네."

이것은 석가 자신의 체험에 근거한 설법이다. 석가가 설법을 할 때면 귀족들이 찾아와 방해하거나 비난하는 일이 자주 있었기 때문이다. 경전을 읽어 보면 석가가 살았던 시대로부터 현대에 이르기까지 사람들의 고민이나 고통은 아무것도 바뀌지 않았다는 것을 잘 알 수 있다.

대부분 환상에 지나지 않는 '만심(慢心, 프라이드)'을 내면에 가지고 있다가 다른 사람들로부터 비난받으면 '만심', 즉 '만(慢)'이 상처를 받고 좌절하게 되어 화를 낸다. 그리고 매일 '만심'을 다칠까 안절부절못하며 초조하게 살아간다. 그럴 때에는 자신은 어차피 무너져 죽어가는 존재라는 것을 떠올리며 '만심'에 대한 집착을 버려야 한다. 그러면 '뭐, 이대로도 괜찮아'라고 현실을 받아들이며 평상심을 유지할 수 있게 된다.

'애별리고(愛別離苦)' '원증회고(怨憎會苦)' '구부득고(求不得苦)' '오온성고(五蘊盛苦)' 모두 인생의 고통을 나타내는 말이다. 우선, 이런 고통을 당연한 것으로 받아들이자. 당연하다고 생각하기 시작한 순간부터 즐거움이 되고, 이미 고통이 아니다. 모든 고통이 사라지지는 않아도, 고통의 느낌이 줄면 행복해질 수 있다.

그렇게 될 수 있는 가장 좋은 방법은 모든 일을 평상심을 가지고 받아들이는 것이다. 다른 사람을 받아들이고, 세상을 받아들이고, 그리고 자신의 약함도 허세를 부리지 않고 받아들여야 한다. 그렇게 하면 고통이 적고 평온해져 행복으로 가득 찬 인생을 보낼 수 있게 될 것이다.

제4장 생로병사를 평상심으로 대한다
죽음을 받아들이는 법

'죽고 싶지 않다'는 생존 욕구가 고통의 원천
죽음을 거부하면 계속 괴롭다.

사람이 죽을 때에 가지고 가는 것은 업뿐이다
그동안 쌓은 카르마=사념 에너지를 가지고 간다.

매일 한 번은 죽음을 받아들이는 연습을 한다
들어가고 죽어가는 것을 보고 '노병사(老病死)'를 받아들이는 연습을 한다.

: 제5장 :

날마다 평상심을 지키는 연습을 한다

―

서두르지 않고,
포기하지 않기

'반드시 이렇게 해야만 한다'에서 해방된다

제5장에서는 평상심을 유지하기 위해 일상생활 속에서 매일 실천할 수 있는 간단한 습관에 대해서 이야기해 보겠다.

앞에서도 언급했듯이 우리는 일상생활에서 무언가를 원하게 만드는 도파민의 신경회로나, 싫어서 도망치게 만드는 노르아드레날린의 신경회로에 지배당하며 행동하는 경우가 많다. 그리고 강력하게 원하는 생각과 격하게 싫어하는 생각은 기억에 새겨져 업으로 쌓이고, 훗날 비슷한 경험을 할 때 저주를 받는다. 그만두고 싶어도 기억을 통해 마음에 새겨진 욕망 때문에 집착하거나, 하고 싶은데도 혐오감이나 싫었던 기억 때문에 그만두는 경우가 생겨 삶이 괴로워진다.

이런 기억의 저주로 인한 연쇄 반응을 끊어내려면 '욕망하는 것'과 '싫어하며 화내는 것'의 공통점인 목적의식에서 벗어나야 한다. 욕망은 원하는 것을 손에 넣는 것이 목적이고, 싫어하며 화내는 것은 그 대상을 멀리하는 것이 목적이다.

목표나 목적은 우리에게 '이것도 하고, 저것도 하라'고 명령한다. 그렇게 되면 우리 마음은 '해야만 한다'는 생각에 긴장을 하게 된다. 따라서 목적으로부터 자신을 해방시키면, 마음은 한순간에 편안한 상태로 바뀐다.

우리들은 매일 목적에 따라 움직인다. 언제까지 어떤 일을 이루겠다는 목적도 있을 것이고, 이런 사람이 되고, 저런 사람은 되고 싶지 않다는 목적도 있을 것이다. 어쨌든 모든 목적은 항상 미래를 목표로 하기 때문에 '현재'의 순간을 목적을 달성하지 못한 재미없는 시간으로 느끼게 만든다. 이런 느낌은 자기도 모르는 사이에 스트레스로 작용한다. 따라서 일상생활 속에서 오히려 목적이 없는 행위를 하며 시간을 보내는 것도 중요하다. 평상심을 익히는 데 많은 도움을 줄 것이다.

목적의식 때문에 미래로 휩쓸리면, 우리의 마음은 '현재'를 소홀히 대하기 쉽다. 이때 마음을 현재로 되돌려 놓으려면 '지금 이 순간'의 몸의 감각을 제대로 느끼는 의식이 중요하다. 우리는 눈앞의 상황에 집중하려고 해도 늘 과거의 기억이라는 저주를 받아 다른 것을 계속 생각하기 때문이다.

 따라서 마음의 이런 습성을 늘 자각해 지금 하고 있는 일에 정신 차리고 의식을 집중해야 한다. 늘 '지금 이 순간'을 느끼겠다고 생각하며, 기억의 주술로부터 조금씩 벗어나는 연습을 해야 한다.

명상하는 시간을 만든다

•

목적으로부터 자신을 해방하기 위해서는 매일 일정한 시간 동안 명상을 하는 것이 좋다. 아침이나 밤에 10분이라도 시간을 내면 좋겠지만, 출퇴근하며 지하철이나 버스 안에서도 명상은 충분히 가능하다. 물론 만원 버스에서 이리저리 흔들리고 있는 경우에는 어려울 수도 있다.

명상에서는 우선 '호흡'에 의식을 집중하는 것이 중요하다. 심호흡이나 복식호흡을 할 필요까지는 없다. 또한 결가부좌(발등을 반대쪽 넓적다리 위에 올려놓고 양발을 교차시켜 앉는 방법)로 앉지 못하는 사람은 한쪽 발등만을 넓적다리 위에 올리는 반가부좌를 해도 상관없다. 장소에 따라 사정이 안 되면 의자에 앉아도 좋다.

일단 긴장하지 말고 어깨의 힘을 빼야 한다. 그렇다고 너무 기운을 빼고 축 늘어져 있어도 안 된다. 허리는 쭉 펴고, 편안하고 자연스러운 자세를 취한다. 눈은 뜨고 있어도 되고, 감고 있어도 된다. 아니면 반쯤 눈을 감고 있는 상태도 좋다. 소위 '반안(半眼)'의 상태라면 시선은 코끝을 바라본다. 이때 자꾸 눈길이 다른 사물을 집착해 침착해지기가 힘들다면, 아예 눈을 감도록 한다. 다만 눈을 감을 땐 졸지 않도록 조심해야 한다.

중요한 것은 편안하고 즐거운 마음으로 호흡에 의식을 집중해야 한다는 점이다. 평소에는 의식하지 않던 호흡 시 공기의 흐름을 느껴 본다. 빨아들인 공기가 콧속을 통과해 폐까지 도달하는 것과 폐 안의 공기가 다시 코를 통해서 밖으로 빠져나가는 느낌에 집중해 본다. 호흡과 함께 복부가 확장되고 수축되는 감각도 느껴 본다. 이것이 바로 호흡하고 있는 '지금 이 순간'을 제대로 느끼며 의식을 모으는 과정이다.

호흡에 의식을 집중하면 '아직도 일을 끝내지 못했어'라든가 '정말 싫은 상사야' 혹은 '술이나 마시자'와 같은 여러 가지 사념이나 기억에 빠지는 것을 어느 정도 줄일 수 있다. 예를 들어 70% 정도는 갖가지 사념에 마음을 빼앗기면서도 남은 30%는 호흡의 감각을 느끼는 중립적인 상태가 된다. 갑자기 '100% 호흡에 몰입해 집중해야 해'라고 생각하면, 목적의식이 만든 욕망을 쫓게 돼 역효과만 날 뿐이다. 몇 퍼센트의 마음만 호흡을 느껴도 충분하니 느긋하게 아무것도 원하지 말고 명상을 해 보라.

물론 처음에는 잘 되지 않는다. 호흡에 의식을 집중하려고 해도 계속 사념이 떠오른다. 그러다 문득 정신을 차리면 의식은 다른 곳으로 날아가 있다. 하지만 그래도 상관없다. 사념을 알아차렸다면 '아, 그 문제가 그렇게 걱정이 되었던 거구나'라고 인정하고 받아들이면 된다. '호흡에 집중할 수 없는 나는 안 돼'라고 짜증을 내거나 잡념을 없애려고 애쓰지 않아도 된다. 일단은 사념을 받아들이고 다시 호흡을 느끼는 것을 계속하라. 사념이 아무리 많아도, 확실하게 감각을 느끼는 데 마음을 집중하면, 이윽고 자연스럽게 생각의 비중이 줄어든다. 이런 명상을 반복하면, 호흡에 의식을 집중할 수 있는 시간이 조금씩 늘어난다.

명상할 때 마음의 쓰레기에
당황하지 않는다

　명상을 할 때는 일단 마음을 진정시켜야 한다. 물론 마음을 가라앉혀 평상심을 유지하려고 명상을 하는 것이지만, 명상을 시작할 때에도 너무 흥분하거나 허둥거려서는 안 된다. 만일 흥분한 상태라면, 우선 '나는 흥분하고 있어'라고 생각하며 자신의 상태를 자각한다. 그리고 그 상태를 받아들인 뒤 마음을 가다듬고 진정하면서 흥분이 사라지는 것을 들여다본다. 이렇게 어느 정도 평상심을 되찾고 나서 명상에 집중해야 효과를 볼 수 있다.

　명상은 자신의 마음을 바라보는 작업이다. 호흡에 의식을 집중하다 보면, 어느새 나 자신의 마음이 보인다. 특히 내 마음속에 숨어 있던 쓰레기가 보이기 시작한다. 하지만 마음이 어지러운 상태에서 명상을 하는 것은 쓰레기가 공중에 붕 떠서 흩어진 상태에서 시작하는 것과 마찬가지다. 쓰레기가 잘 보이지 않는다.

따라서 우선은 마음을 진정시키고 공중에 흩어진 쓰레기가 떨어지도록 만든다. 물론 쓰레기를 발견했다고 곧바로 쓰레기가 줄어들지는 않는다. 하지만 발견해 관찰하는 것만으로도 조금씩 줄어드는 효과가 있다.

이런 마음의 쓰레기는 자신이 그동안 쌓아온 업이자, 스스로의 싫은 모습이다. 평상심을 기르기 위해 명상을 시작하지만, 막상 자신이 인정하고 싶지 않은 마음의 쓰레기를 발견하면 주춤하게 된다. 오히려 '이런 내가 싫어'라고 생각하면서 평상심을 잃게 되기 쉽다.

이런 현상을 막기 위해서도 명상에서는 다음의 세 가지가 중요하다.

1) 자신의 마음 상태를 똑똑히 알아차린다.
2) 그리고 그 상태에 집중한다(그 외의 것은 일절 인식하지 않는다).
3) 그 상태에 대해서 냉정함을 유지한다(즉, 평상심이다).

알아차리고, 집중한 뒤, 그것에 대해 평상심으로 임하는 마음이 중요하다는 뜻이다. 그런데 이 중에서 특히 중요하게 생각하는 것이 ③번의 평상심이다. 평상심이 없으면 명상이 오히려 해로운 경우도 있다. 명상의 단계가 올라가기도 발전하기도 힘들다.

명상이 해로울 수도 있는 경우는 마음속에 쌓여 있던 쓰레기가 보이기 시작할 때다. 그런 쓰레기가 싫다는 생각이 들면 평상심을 잃게 된다. 예를 들어 안달복달하고 있는 자신의 감정을 발견하고 '화내고 있다, 화내고 있다'라고 객관적으로 바라볼 때가 있다. 만약에 이때 분노의 감정을 '좋지 않은 것'으로 판단해 없애고 싶다는 감정이 움직이기 시작하면, 평상심을 잃게 된다. 결국 안달복달하는 마음을 억압하는 과정에서 마음이 비틀리고 왜곡돼 버린다.

또 한 가지 명상이 해로울 수 있는 경우는 자신의 고통이나 아픔을 깨달았을 때다. 그런 발견에 흥분하면서 명상을 좀 더 열심히 해서 제대로 고통을 없애고 싶다거나 기분이 좋아지고 싶다고 생각하면, 평상심을 잃게 된다. '좀 더 원한다'는 욕망의 회로가 작동해 마음을 지배하기 시작하기 때문이다.

전자는 명상의 초기에 발생하기 쉬운 함정이고, 후자는 명상 중기에 생겨나 진전을 방해한다. 어느 쪽이든 중요한 것은 '평상심'을 잃지 않는 태도다.

깨달음에 이르도록 도와주는
'칠각지(七覺支)'

불교에는 '칠각지(七覺支)'라는 가르침이 있다. 깨달음에 이르기 위한 일곱 가지 중요한 가르침을 말하는데, 지금부터는 칠각지에 대해 알아볼까 한다.

1) **염각지(念覺支)** : 자신의 마음이나 몸에서 무엇이 일어나고 있는지 알아차리는 것
2) **택법각지(擇法覺支)** : 무상함, 괴로움, 무아의 법칙을 인식하는 것
3) **정진각지(精進覺支)** : 마음의 흔들림을 없애가는 것
4) **희각지(喜覺支)** : 명상 중에 치솟는 희열감. 몸을 건강하게 만든다

5) 경안각지(輕安覺支): 명상 중에 항중력근이 기능해 몸이 가벼워지는 것
6) 정각지(定覺支): 정신 통일에 의한 강력한 집중 상태
7) 사각지(捨覺支): 세상일에 반응하지 않는 평상심

평상심이 마지막 일곱 번째인 까닭은 그 외의 다른 모든 요인이 갖춰져도 이것을 잃어버리면 모든 게 헛수고라는 의미다. 평상심 없이는 올바른 가르침을 따라 아무리 수행을 해도 깨달음에 이르기 어렵다. 따라서 명상 중에 어떠한 현상에 부딪혀도 '평상심'을 유지하기 위해서는 '좋다'든가 '나쁘다'든가 평가하지 말고, '그렇구나' 혹은 '뭐, 이대로도 좋아'라고 냉정하게 바라보아야 한다. 마음을 진정시켜서 보이기 시작한 것이나 알게 된 것을 받아들일 때에는 이처럼 감정적으로 평가하지 않는 태도가 중요하다.

명상은 정신의학에서 말하는 '인지 요법'과 비슷하다. 인지 요법은 자신의 인지 습관을 객관적으로 알아내 인지 방법을 바꾸어 사회에 잘 적응할 수 있는 사고방식을 익히는 것이다. 늘 상황을 비관적으로 인지하는 바람에 그런 상태에 쉽게 빠지는 사람에게 많이 쓰는 치료법이다. 예를 들어 자신이 사로잡혀 있는 비관적인 생각에 대해 종이에 적어 본다. 그리고 그런 비관적인 일이 일어나지 않을 경우에 대해서도 적어 본다. 이렇게 자신의 머릿속에서

펼쳐지고 있는 인지 상황을 글로 적어 정리하면, 자신의 생각이 어느 한쪽으로 치우쳐 있다거나 비틀려 있다는 것을 금세 깨닫게 된다. 따라서 그것을 조금씩 교정해갈 수 있다.

불교의 명상도 인지하고 깨닫는다는 면에서 이와 비슷하다. 하지만 명상은 사고 과정만을 인지하는 게 아니다. 평소 의식하고 있지 않은 자신의 기억(업)이나 내면 깊숙한 곳에 있지만 자각하지 못했던 응어리까지 알아차린다는 점에서 다르다.

게다가 불교에서는 인지 방법을 사회에 잘 적응할 수 있게 바꾸는 데 중점을 두지 않는다. 대신에 자신의 마음 상태를 받아들이고 흘려보냄으로써 고통을 줄이려 한다. 즉 인지한 것을 평가하지 않고 그대로 받아들이고 내버려 두는 데 중점을 둔다.

명상의 실천적인 방법에 대해 한 가지 강조하자면, 어쨌든 늘 '평상심'을 마음에 두고 있어야 한다는 것이다. 명상 중에 평상심을 잃어서 '이렇게 하고 싶다' 혹은 '이렇게 해야만 해'라는 욕망이나 긴장이 생기면 일단 들숨과 날숨을 느끼며 호흡에 집중하는 태도로 돌아와야 한다. 그렇게 평상심을 되찾게 되면 다시 명상에 집중을 한다. 명상 중에 지켜야 할 태도 세 가지는 다음과 같다.

첫째, 명상에 집중할 수 없는 자신도 그대로 받아들일 것
둘째, 명상 중 싫은 자신의 모습을 발견해도 당황하지 말고 받

아들일 것

셋째, 명상 중 고통이 찾아와도 흥분하지 않고 조용히 받아들일 것

식사를 통해
평상심 지키기 연습을 한다

•
•

　매일매일 식사를 통해서도 평상심을 지키는 연습을 할 수 있다. 우리는 아무리 바빠도 매일 반드시 식사를 한다. 너무 바쁘면 한 두 끼 거를 때도 있지만, 식사야말로 늘 변함없이 하는 일이기 때문에 평상심을 연습할 수 있는 귀중한 기회가 된다.
　현대인의 먹는 행위는 도파민 회로에 강하게 지배당하고 있다. 신체에 반드시 필요한 영양소를 섭취하는 것이 아니라, 뇌에서 분비되는 도파민의 지령에 따라 쾌락을 좇으며 '좀 더, 좀 더' 먹고 또 먹는다. 더러는 쾌락과 동전의 양면을 이루는 결핍감이라는 고통에 쫓겨 터무니없이 욕심을 부리며 식사를 한다. 한편, 미식가들은 예전에 먹었던 맛있는 음식에 대한 기억에 사로잡혀 지금 눈앞의 식사를 제대로 즐기지 못하는 경우가 많다. 과거에 맛보았던 쾌락에 대한 집착을 버리지 못하고 이것저것 먹고 또 먹는다.

쾌감을 위해 맹렬하게 먹고 있을 때의 우리 모습을 살펴보자. 어서어서 먹으라고 뇌가 명령을 내리고 있기 때문에 혈압은 오르고, 호흡도 거칠어진다. 대부분 제대로 씹지 않고 급하게 삼키느라 정신이 없다. 이런 식사를 하면 뇌의 '결핍감'을 채워 쾌감을 느낄 수는 있지만, 몸은 오히려 상처를 받는다. 한 그릇만 먹어도 충분한데 서둘러서 먹다 보니 세 그릇을 먹게 된다면, 위에 큰 부담을 줄 수밖에 없다.

많은 현대인들이 오늘도 폭음, 폭식으로 스트레스를 풀고 있다. 그런데 왜 굶주린 사람처럼 먹어대면 스트레스가 풀리는 것일까? 먹을 것을 찾아 떠돌아다녔던 인류의 조상들은 음식이 있을 때 잔뜩 먹어 칼로리를 확보해 두어야 했다. 아마도 그때부터 우리 몸의 신경회로는 굶주림이나 결핍을 전제로 그것을 채워나가도록 설계되었을 것이다. 우리의 신경회로는 지방, 당질, 단백질 같은 영양소가 포함된 음식을 맛보면, 뇌에서 도파민을 분비해 쾌감을 느낀다.

그런데 문제는 현대 사회가 영양 과잉 상태라는 점이다. 어디에나 먹을 것이 넘치고, 기름이나 설탕처럼 더욱 강렬한 쾌감을 느끼게 만드는 음식도 많이 개발되었다. 언제든 이런 것들을 먹고 미각을 통해 계속 쾌락을 입력할 수 있는 상황이다.

여기서 치명적인 사실은 '쾌락'이 반드시 '만족'으로 이어지지는 않는다는 점이다. 도파민 구조의 특성상 쾌락에 내성이 생겨 점점 더 많이 먹지 않으면, 만족은커녕 오히려 괴로워질 뿐이다.

게다가 현대인은 정신적으로 매우 굶주린 상태다. 그런 결핍감을 음식을 먹으면서 느끼는 쾌감으로 해소하려는 충동에 사로잡히기 쉽다. 정신적인 스트레스를 받으면 먹는다는 행위에 몰두함으로써 잠깐 동안이나마 초조함을 잊으려고 한다. 너무 많이 먹어서 괴로울 정도가 되어서야 겨우 그만 먹는 행위가 반복된다.

씹기를 통해 명상 효과를 거둔다

폭식의 고통에서 빠져나오려면 어떻게 해야 할까? 음식물을 씹는 '반복 동작'에 집중하는 방법도 좋은 해결책이다. 음식에 대한 욕망은 보통 다음과 같은 명령을 내린다.

'빨리 먹고 다음에 한 입 더 먹자.'

이런 마음을 차단하기 위해서라도 지금 현재의 씹고 있는 행위 그 자체에 마음을 집중할 필요가 있다. 어떤 의미 없는 동작도 반복하다 보면, 마음이 진정되는 효과가 있다. 씹는 행위도 목적의식을 버리고 철저하게 반복하면 욕망이 진정되는 효과가 있다.

횟수에 대한 집착도 버리고 씹는 행위에 마음을 집중시켜 보라. 입에 넣은 음식이 혀에 닿는 감촉을 느껴 보라. 음식이 점점 더 작은 조각으로 나뉘고, 그 속에 침이 섞인다. 침 안의 아밀라아제가 음식을 분해하기 시작하면 입이 '제1의 소화기관'으로서 역할을 충분히 해낸다.

이렇게 씹는 행동에 집중하다 보면 마음이 편안히 가라앉고 자연스럽게 평상심이 생긴다. 지금 먹는 음식의 싫고 좋은 것에 관련된 기억의 저주로부터도 벗어날 수 있다. 그 사이에 세로토닌 분비량도 늘어나 '락(樂)'의 신경회로가 작동하기 시작한다. 어느새 마음이 즐거워진다.

나는 명상을 지도할 때 '씹기 수업'을 꼭 한다. 보통 남성이라면 몇 입에 먹어 치울 케이크를 한 입씩 철저하게 씹어 20분에서 30분에 걸쳐서 먹는 수업을 한다. 한 입 두 입 씹는 과정에 마음을 집중하는 훈련을 받는 사람들 대부분은 작은 케이크 한 조각을 먹었을 뿐인데도, 지금까지 느낀 적 없던 포만감을 얻고 놀란다. 몇 사람은 포만감 때문에 케이크 한 조각을 다 먹지 못하는 경우도 있다.

게다가 음식을 천천히 씹어 먹으면, 음식에 대한 거의 모든 정보가 생략되지 않고 대뇌로 가기 때문에 위장에서의 영양 흡수도 더 잘된다. 예를 들어 단단한 연근을 먹고 있을 때 '처음에는 단단해도 제대로 침을 섞어 씹으면 부드러워져 달콤해진다. 단, 섬유질은 씹은 다음에도 혀에 아직 느껴진다. 조금 더 씹어야 한다'라고 차분하게 음식에 대한 정보를 입력하면서 먹을 수 있다. 내 경우에 이렇게 먹으면 소화 흡수가 훨씬 더 잘되는 것 같다.

 이렇게 천천히 씹어 먹는 과정은 명상 수행이라 할 수 있을 정도로 '락(樂)'의 신경회로를 작동시키는 데 효과적이다. 평상심을 익히기 위한 좋은 수업이 될 수 있다. 하지만 현대인은 '쾌락'을 추구하며 살기 쉽기 때문에, 잘 씹지 않고 먹어 '락(樂)'의 기회를 뻔히 알면서도 놓친다. 매번 식사 때마다 30분 동안 씹는 시간을 가지기 어렵다면, 매일 한 번, 힘들면 매주 한 번이라도 씹는 행동에 의식을 집중시키는 식사를 해 보도록 권하고 싶다.

 요즈음 또 문제가 되는 것은 TV를 보거나 컴퓨터 화면을 들여다보면서 먹는 습관이다. 이런 습관이 있는 사람에게는 당장 그만두라고 충고하고 싶다. 먹을 때에는 먹는 것에만 집중하는 것이 좋다. 지금 내 몸 속으로 무엇이 들어가는지도 잘 모를 정도로 허둥지둥 하는 식사는 권하고 싶지 않다. 철저하게 식사에 집중할 여유가 없다면, 최소한 다른 일을 하면서 먹는 것만이라도 멈추어 보라. 지금까지보다 더욱 마음이 온화한 상태에서 식사를 할 수 있게 될 것이다.

 명상을 처음 시작할 때 호흡에 집중하는 게 어렵듯이, 씹는 행동에 의식을 집중하는 일도 처음에는 간단히 되지 않을 수도 있다. 그러지 말아야겠다고 생각하면서도 결국은 폭식하는 경우도 많을 것이다. 이때 중요한 것은 그런 자신도 받아들여야 한다는 점이다. 자신을 싫어하고 비판하는 대신에 '천천히 씹을 수 없을 정도로 내가 불안했구나'라고 인정하여 받아들이자. 그 순간부터 사실은 이미 조금씩 평상심을 되찾고 있는 것이다.

스트레칭을 통해
신체의 고통을 발견한다

스트레칭도 평상심을 기르는 좋은 수업이 될 수 있다. 몸을 쭉쭉 펴고 평소 잘 안 쓰는 근육을 풀어 주는 동작이라면 무엇이든 좋다. 예를 들어 양손을 목 뒤로 돌려 깍지를 끼고 팔꿈치를 뒤로 당겨 어깨를 펴는 동작을 해 보자. 컴퓨터 업무를 많이 하는 사람은 어깨 근육이 뭉쳐 있는 경우가 많기 때문에 어딘가 아프고 당기는 느낌이 들 것이다.

아픈 느낌이 들면 더 이상 무리하게 팔꿈치를 뒤로 당기지 말고, 호흡에 집중해 호흡이 아픈 부분까지 도달하는 느낌으로 깊이 숨을 들이마신다. 그리고 숨을 내뱉을 때에는 아픈 부분으로부터 입을 향해 숨이 흘러나가는 이미지를 그려 본다. 호흡에 의식을 집중해 '락(樂)'의 신경회로에 스위치가 켜지면, 세로토닌이 분비돼 진통 작용을 시작한다. 아마 어깨의 아픈 느낌도 약해져 팔꿈치를 더욱 뻗기 쉽다고 생각하게 될 것이다.

이런 호흡을 반복하면 처음에는 어깨가 저리는 경우도 있다. 하지만 그럴 때에도 놀라지 말고, 그냥 그런 느낌 자체만 인식해야 한다. 고통을 없애겠다는 목적의식을 버리고, 고통을 그대로 받아들여라. 그리고 고통스러운 부분을 향해 숨을 들이마시고 그곳으로부터 숨을 내쉬기를 반복해 보라.

이런 동작만으로도 신체의 고통이 말끔히 사라지는 경우도 있다. 하지만 고통이 당장 뿌리 뽑히지 않아도, 호흡과 고통에 마음을 집중하는 게 가능하다는 것만으로도 평상심을 기르는 데 충분한 도움이 된다. 그 사이에 목적의식이나 기억의 저주로부터 멀어질 수 있기 때문이다.

나 자신의 모습을 객관적으로 '적어 본다'

나 자신의 모습에 대해 객관적으로 적어 보는 것도 인지 요법과 비슷한 점이 많다. 예를 들어 최근 어딘지 마음이 편하지 못하고 불안하다면, 오늘 하루나 지난 한 주 동안 자신이 싫다고 생각한 것을 떠올리면서 적어 본다.

이때에도 중요한 것은 평상심과 호흡이다. 호흡을 조절하고 평상심을 유지하면서 자신이 '싫다'고 생각한 것을 떠올려 노트나 종이에 써 내려간다. 가장 중요한 포인트는 '객관성'을 유지하는 것이다.

만일 격한 분노를 느끼면 호흡도 거칠어져 '그를 절대로 용서할 수 없어'라고 격렬한 분노의 말을 쓰게 될 수도 있다. 이럴 때엔 평상심을 잃지 않도록 하면서, 제삼자로서 자신을 관찰하며 다음과 같이 객관적으로 써 본다.

'그가 말한 내용 중 ~때문에 격하게 화를 내는 심리적 반응을 보였다'
'나보다 못하다고 생각한 그가 나를 얕보았다. 그래서 내 안의 만(慢)이 상처받았다'

즉 자신의 감정에 휘둘리는 것이 아니라, 왜 그런 감정을 느꼈는지를 천천히 적어 보는 것이다. 이렇게 하면 자신의 감정을 그대로 인식하고 받아들임으로써 그런 감정을 품은 자신도 담담히 받아들일 수 있다. 감정의 소용돌이에 빨려 들어가는 일 없이, 감정을 밖으로 흘려보내는 것도 가능하다.

자기 자신에 대해 적어 보는 것은 불안할 때뿐만 아니라 지나치게 들떠 있을 때도 효과적이다. 예를 들어 '왜 이렇게 들떠 있는 걸까? 아, 그 일이 잘되어 모두가 칭찬해 주니까 내 안에서 만(慢)이 커지고 있구나'라고 알아차릴 수 있다면, 더 이상 '만(慢)'이 커지는 것을 막을 수 있다.

일기처럼 매일 계속 쓰는 경우도 효과가 있다. 늘 마음이 불안한 사람은 한 달 정도 매일 자신이 무엇에 대해 불안을 느꼈는지를 적어 본다. 그러면 자신의 마음이 흘러가는 방향을 객관적으로 볼 수 있을 것이다.

물론 쓰는 것이 가능하지 않을 수도 있다. 또 글을 쓴다는 것 자체가 도저히 안 맞는 사람도 있을 것이다. 앞에서 계속 말했듯이 그런 경우엔 그냥 그 상황을 있는 그대로 받아들여 보라. 싫다고 거부하거나 자신을 탓할 필요는 더더욱 없다. 이 방식은 자신에게 맞지 않는다고 그냥 받아들이면 된다.

일기 쓰기가 맞지 않는 사람은 묵묵히 밭을 가는 작업을 해 보는 것도 좋다. 아니면 목적 없이 담담하게 걸으면서 평상심을 기르는 것도 좋다. 어떤 방법이든 '목적 없는 반복'을 일상생활 속에 들여와 평상심을 기르는 연습을 해 보라. 자세한 방법은 자신에게 맞는 것을 찾아내면 된다. 수영장에 가서 헤엄을 치는 것으로 기억(업)의 저주로부터 벗어날 수 있는 사람이라면, 수영장에 가면 된다. 쓰는 것도, 밭을 가는 것도, 걷는 것도, 헤엄치는 것도 모두 평상심을 기르는 연습이 될 수 있다.

완벽한 자신을 바라지 않는다

●
●

 어떤 일에 부딪혀 보기도 전에 '쉽게 익힐 수 없다면 하고 싶지 않아' 하고 물러서는 사람이 있다. 또는 완벽하게 할 수 없다면 하고 싶지 않다는 사람도 있다. 이런 마음도 하나의 '만(慢)'이다. 완벽하게 할 수 없는 자신을 받아들이지 못하기 때문이다. 하지만 100% 다 해내지 못해도 조금이라도 해서 평상심을 기를 수 있다면, 좀 더 온화하고 풍족한 삶을 살 수 있다.
 자신의 '만(慢)'을 경계하면서 평상심을 마음에 두고 명상, 식사 등을 하면 매일매일 조금씩 변할 수 있다. 평상심은 이렇게 한 걸음 한 걸음 키워가는 것이다. 물론 순조롭게 되지 않는 경우도 많을 것이다. 지금까지의 인생에서 쌓아온 업과 사고방식에 발목 잡히고, 다시 거만해지는 경우도 있다. 자신을 바꾸는 것은 그렇게 쉬운 일이 아니다.

그렇기 때문에 매일 포기하지 말고, 간단하게는 바뀌지 않는 자신을 받아들여라. 그리고 평상심을 가지고 자신의 마음을 들여다보는 게 무엇보다 중요하다. 그렇게 하면 온화한 마음으로 평상심을 지키며 살아갈 수 있다.

평상심이란 누가 뭐라 해도 마음이 흔들리지 않는 완고한 자세와 비슷하면서도 다르다. 마음이 흔들리면 흔들리는 대로 흐름을 타면서도, 유연하게 평정을 유지하는 자세로 되돌아오는 것이 평상심이다. 마음이 희로애락으로 흔들릴 때, 눈앞의 현실을 거부하지 않으면서도 평상심을 되찾을 수 있는 비결을 다시 한 번 정리해볼까 한다.

1) 호흡을 느끼는 것에 마음의 중심을 두어, 생각에 사로잡히는 비율을 낮춘다. 호흡이 고르게 되고, 호흡의 중립성에 마음의 중심이 놓이면 '락(樂)'이 강화된다. 자신의 감정을 객관적으로 바라보기가 쉬워진다.
2) 목적의식을 버리고, 단순한 감각의 반복에 몰두한다.
3) 마음이 흔들렸다면, 그 흔들림을 평가하지 않고 그냥 관찰한다.
4) 제행무상이라고 깨닫고, 모든 변화를 거부하지 않고 받아들

인다.

 우리는 늘 이것인가 저것인가를 놓고 갈등하며 마음이 흔들린다. '일을 계속할 것인가, 아니면 직장을 옮길 것인가' 혹은 '이 사람이 좋은가, 저 사람이 좋은가'라는 생각으로 흔들린다. 처음엔 A라고 생각했지만, 몇 시간 후에는 B, 다음에는 다시 A라고 생각하기도 한다. 이렇게 흔들릴 때는 결단을 내리거나 타인에게 어떤 결정을 통보하지 말아야 한다. 곧바로 다시 기분이 바뀌어서 앞의 선택을 후회하게 되면, 실패했다고 느끼며 괴로워진다. 마음이 흔들릴 때는 '어차피 제행무상이야. 지금은 저 사람을 만나고 싶지만, 당장 행동하지는 말자. 조금 더 상황을 지켜보도록 하자'라고 생각하며 그냥 지켜보는 것이 현명하다. 마음이 'A→B→C→B→A→C…'로 무책임하게 바뀌는 것은 마음의 구조상 어쩔 수 없는 일이다. 때문에 마음이 A라고 생각하고 있어도 그것은 진심이 아니다. 물론 B라고 생각해도 역시 진심이 아니다. 모두 어차피 다시 바뀔 생각들이다. 이런 상황을 받아들이고 보류하면, 평상심을 지키기가 더욱 쉬워진다.

 5) 결국 찾아오게 될 죽음을 의식한다.

 우리의 감정이 '욕망↔분노'에 흔들리는 것은 전적으로 생존 욕구 때문이다. 앞에서 생로병사에 대해 이야기할 때 다룬 것처럼 '우리는 언젠가 반드시 죽는다. 우리 몸은 무너져 간다'라고 강하게 마음에 새기면, 맹목적인 생존 욕구가 잠잠해지고 마음이 편안해진다. '살고 싶다, 죽고 싶지 않다, 무너지고 싶지 않다, 흉하게 늙고 싶지 않다'라는 충동도 누그러뜨릴 수 있게 된다. 이렇게 되면 '나'와는 다른 존재를 받아들이고 조화를 이룰 만한 여유도 생긴다.

6) '쾌락→고통'의 메커니즘을 늘 생각한다.

뇌에서 쾌락 물질이 너무 많이 분비되면, 수용체에 내성이 생긴다. 그 결과 웬만큼 쾌감 물질이 생겨도 예전의 쾌락을 다시 맛보기가 어렵다. 따라서 쾌락은 조심해서 다루어야 할 골치 아픈 것이다. 대부분 뇌가 쾌락이라고 느끼는 것은 신체에 부담을 주는 성질을 가지고 있다. 신체에 미치는 결과만 놓고 보면 '고통'과 다르지 않다. 이 사실만 늘 기억하고 있어도, 오로지 쾌락만을 좇으며 계속 흥분하는 마음을 다소 누그러뜨릴 수 있다.

이 책에서는 지금까지 여러 가지 방법을 통해 평상심을 지키는 연습을 했다. 이제 독자 여러분은 이런 연습을 간접 체험하는 데 머물지 않았으면 좋겠다. 실제로 끈기 있게 실천하는 단계로 나아가 '평상심 지키기 연습'을 했으면 하는 게 내 바람이다.

마지막으로 한 말씀 더 드리자면, 평상심이란 '절대로 접시를 깨뜨리지 않는' 것이 아니다. 살다 보면 접시를 떨어뜨려 깨는 경우도 있다. 그럴 때 접시가 깨졌다고 너무 슬퍼하거나 놀라지 마라. 담담하게 깨진 접시를 치울 수 있는 유연함에 평상심이 있다.

무슨 일을 하든 '절대로 실패하지 않겠다'는 바람도 무너지기 쉬운 것이다. 누구든 실패하기 마련이다. 하지만 실패에 흔들리지 않고 '뭐, 이대로도 괜찮아' 하는 마음으로 다시 일어설 수 있어야 한다. 그것이 바로 평상심이다.

제5장 날마다 평상심을 지키는 연습을 한다
서두르지 않고, 포기하지 않기

명상의 포인트 → **일상생활에서 행한다**

평상심을 가지고 행한다
명상 중에도 너무 잘하려 들지 말고, 느긋하게 부딪힌다.

호흡에 마음을 둔다
집중이 잘 되지 않고, 잡념뿐인 자신도 받아들인다. 다시 고쳐나간다.

지하철이나 버스 안에서도 할 수 있다
이동하면서 마음을 진정시킬 수 있다.

씹기에 집중하면서 먹는다
다른 일을 하면서 먹지 않는다. 할 수 있는 데까지 씹는 행동에 집중한다.

스트레칭
아픈 곳을 향해서 숨을 들이쉬고, 그곳으로부터 숨을 내쉰다.

일상생활에서 평상심을 기른다 **← 목표가 없는 행위와 시간**

적어 본다
객관성을 유지하면서 자신의 마음을 적어 보며 관찰한다. 불안 일기도 효과적이다.

걷기, 헤엄치기, 밭 갈기…
'지금 이 순간'을 맛보도록 마음을 현재에 묶어둔다.

할 수 없는 자신도 받아들인다
평상심을 계속 지키지 못하고, 어려워하는 자신도 거부하지 않는다.

옮긴이 유윤한

이화여자대학교 과학교육과를 졸업하고 다양한 분야의 번역가로 활동하고 있다. 옮긴 책으로는 자기계발서 『생각 버리기 연습』, 『버리고 사는 연습』, 『코끼리를 들어올린 개미』, 과학 고전소설 『스타메이커』, 과학 교양서 『생각의 책』, 『과학의 위대한 순간들』, 『위대한 지구』, 『공룡 대백과』, 『캘빈, 전기는 어디에서 오니?』 시리즈, 영어 학습서 『직독.직청』 iBT TOEFL 영단어 Choice 4000』 등 다수가 있다.

흔들리지 않고 휘둘리지 않고 담담하게

1판 2쇄 발행 2014년 1월 5일

지은이 코이케 류노스케
옮긴이 유윤한
펴낸이 김영곤 **펴낸곳** (주)북이십일 21세기북스
출판등록 2000년 5월 6일 제10-1965호
주소 (우 413-120) 경기도 파주시 회동길 201(문발동)
대표전화 031-955-2100 **팩스** 031-955-2151 **이메일** book21@book21.co.kr
홈페이지 www.book21.com **트위터** @21cbook **블로그** b.book21.com

ISBN 978-89-509-5097-2 03220
책값은 뒤표지에 있습니다.

책 내용의 일부 또는 전부를 재사용하려면 반드시 (주)북이십일의 동의를 얻어야 합니다.
잘못 만들어진 책은 구입하신 서점에서 교환해 드립니다.